AF320926

ÉLÉMENTS

DE

LECTURE

POUR

LES ÉCOLES PRIMAIRES,

PAR

CHAPELLIER,

INSTITUTEUR,

Ancien Élève de l'École normale des Vosges.

2e ÉDITION.

ÉPINAL,

CHEZ L'AUTEUR ET EN DÉPÔT CHEZ LES PRINCIPAUX LIBRAIRES DES VOSGES.

1853.

(PROPRIÉTÉ.)

ÉLÉMENTS DE LECTURE.

Cette nouvelle Méthode de lecture a été rédigée principalement en vue de l'éducation religieuse et morale des Élèves, du développement graduel de leur jugement et de leur intelligence.

Les nᵒˢ 1, 2, 4, 6, 8 et 10 renferment les éléments de la lecture et leurs combinaisons, abordées successivement de la manière qui a paru devoir être à la fois la plus profitable et la moins fatigante pour amener l'enfant à la première connaissance qu'il doive acquérir.

Les nᵒˢ 3, 5, 7, 9, 11 et 12 offrent d'abord le résumé des exercices précédents, puis des mots séparés (presque tous des noms d'objets que l'enfant connaît déjà), précèdent la lecture courante qui, dans chaque tableau, se compose de phrases complètes. Des maximes choisies, tirées de l'Écriture-Sainte, ont fourni la matière des nᵒˢ 13, 14, 15 et 16.

D'après la disposition adoptée dans ce travail, le premier tableau bien connu, l'Élève ne rencontre pour ainsi dire aucune difficulté pour arriver jusqu'au huitième. Le nᵒ 10 est un résumé général des connaissances acquises et présente en outre des *sons semblables* et diverses combinaisons de consonnes. Les nᵒˢ 11 et 12 renferment quelques remarques sur la lecture de certains mots et sur les lettres qui ne se prononcent pas.

Ainsi, les difficultés contenues dans ces *Éléments de Lecture* sont peu nombreuses ; mais rien d'essentiel n'y a été omis pour conduire à une bonne lecture du français. Les seules choses qui n'y soient pas appartiennent à ces connaissances en lecture qui ne s'acquièrent que par la pratique, et qui, présentées au jeune enfant, seraient un véritable chaos pour sa faible intelligence.

Epinal, le 15 juillet 1858.   **CHAPELLIER.**

NOTA. Les tableaux destinés à recevoir les feuilles de cette Méthode sont, pour l'École mutuelle d'Épinal, des planchettes de sapin avec de simples bordures en hêtre, de 45 millimètres de largeur. Ces tableaux ont de 49 à 50 centimètres de hauteur, sur 36 de largeur. Des pitons, vissés sur le milieu de la bordure supérieure, servent à les suspendre aux tringles.

Épinal, imprim. d'A. Cabasse, 8, rue du Collége.

VOYELLES BRÈVES.

a e i o u y

Prononcez *i* ou *i grec*

VOYELLES LONGUES.

â ê î ô û

DIFFÉRENTES SORTES D'*é*.

e é è ê

Muet. Fermé. Ouvert. Ouvert long.

CONSONNES.

c m n r s t v x z

que me ne re se te ve xe ze

b d f g h j k l p q

be de fe gue he je que le pe que

EXERCICE.

a b c d e f g h i

j k l m n o p q r

s t u v x y z

Accent aigu (ʼ), accent grave (`), accent circonflexe (^).

PROCÉDÉS POUR L'EMPLOI DE CE TABLEAU.

Montrez et prononcez chacune des lettres de la même ligne, en les faisant répéter par les Élèves, l'un après l'autre, ou tous ensemble, jusqu'à ce qu'ils connaissent et distinguent ces lettres.

Ne passez aux consonnes que lorsque les voyelles seront bien connues.

L'exercice présentant les lettres dans une position relative différente de celle qu'elles occupent dans la leçon, servira à exercer les yeux et à faire reconnaître les lettres déjà vues.

Méthode de Lecture, par M. CHAPELLIER. — Epinal, chez Mme veuve DURAND, et en dépôt chez les principaux Libraires des Vosges.

Epinal, Imprim. d'A. Cabasse, 2, rue du Collège.

CONSONNES SUIVIES D'UNE VOYELLE.

	a	e	i	y	o	u	é	è	ê
b	ba	bi	bo	bu	be	bé	by	bè	bê
d	do	du	di	de	dè	da	dê	dy	de
f	fi	fa	fu	fe	fè	fè	fo	fé	fi
h	hu	hè	ha	hé	hê	hi	hy	ho	he
j	jo	ju	ji	je	jé	ja	jè	jy	jê
k	ke	ké	kè	kê	ka	ko	ki	ky	ku
l	la	li	lu	le	lè	lé	lo	lè	ly
m	me	mé	mi	my	ma	me	mê	mu	mo
n	no	nè	nu	na	ni	né	ny	nê	ne
p	pi	pa	po	pe	pé	pê	py	pu	pè
r	ra	ro	ri	ru	re	rè	ry	rê	ré
s	sé	su	si	sy	sè	sê	sa	se	so
t	ta	ty	to	te	té	ti	tê	tu	tè
v	vu	vé	vy	vi	ve	vê	vo	vè	va
x	xa	xé	xo	xy	xu	xe	xi	xê	xè
z	zo	zu	zè	ze	zi	zy	zé	zê	za

	c	ca	cu	co	—	g	ga	go	gu
(*)	ç	ça	çu	ço	ce	cé	cè	ci	cy
(**)	j	ge	gé	gè	gê	gi	gy	»	»

ALPHABET DE MAJUSCULES.

A B C D E F G H I J K L M N O P Q
R S T U V X Y Z

(*) Lorsqu'il y a une cédille sous le *c* ou qu'il est suivi de *e i y*, prononcez *se*.— (**) Le *g*, suivi de *e i y*, se prononce *je*.

PROCÉDÉS POUR L'EMPLOI DE CE TABLEAU.

1º Prenez alternativement les Elèves, l'un après l'autre et tous ensemble; montrez, nommez et faites prononcer, d'abord lentement, les deux lettres qui forment chaque syllabe; ainsi, faites dire : *be-a, be-i, be-o, be-u*, etc.; puis, après avoir parcouru de la sorte tout le tableau, recommencez, en obligeant les Elèves à aller de plus en plus vite, pour la prononciation de ces deux lettres, jusqu'à arriver à les énoncer réunies, c'est-à-dire à élider l'*e* muet et à lire seuls et couramment les syllabes : *ba, bi, bo, bu*, etc.

2º Faites réciter de cette manière toutes les syllabes du tableau, de gauche à droite d'abord, puis de droite à gauche, de haut en bas, de bas en haut, et au hasard, sans ordre déterminé.

Méthode de Lecture, par M. CHAPELLIER.— Epinal, chez Mme veuve DURAND, et en dépôt chez les principaux Libraires des Vosges.

Epinal, imprim. d'A. Cabasse, 2, rue du Collège.

EXERCICE.

a e i y o u é è ê

b c d f g h j k l m n p q r s t v x z

MOTS SÉPARÉS.

pa pa,　mi di,　lu ne,　pa ge,　ra ve,　tê te,　cu ve,　ca ge,
zé ro,　pa vé,　ra me,　fè ve,　mè re,　fê te,　no ce,　ca ve,
côté, ciré, épi, robe, ami, salade, étude, école, élève, farine,
(*) visage, ménage, légume, cerise, épine, modèle, cabane, vérité.

Remi, Numa, Réné, Émile, Isidore, Rose, Élise, Hélène.

LECTURE COURANTE.

Honore ta mère. Ta mère te bénira. Ma mère m'a élevé. Papa me fera lire. Papa a été malade. Papa se reposera. Je me lave le visage. Emile va à l'école. Numa sera poli. Réné obéira à sa mère. Emile sera docile. Maria sera dévote. Maria a de la piété. Numa dira la vérité. Remi a été sage. Emile lira une page. Numa imite le modèle. L'élève têtu sera puni. Le sage Remi évite la colère. Réné s'amuse à l'école. Réné dînera ici. Elise lira vite. Papa a vêtu Jérôme. Rose sera ménagère. Numa ira à la salade. Rose fera la salade. Papa m'a mené à l'école. Ma mère file. Noémi sera économe. Remi m'a salué. Basile pose du pavé. Le pavé sera posé. Basile se hâte. Isidore fera une rigole. Remi va à la loge. Réné a vu la lune. Numa a lu sa page. Hélène mérite une image.

(*) La lettre *s* entre deux voyelles se prononce *ze*.

PROCÉDÉS POUR L'EMPLOI DE CE TABLEAU.

1º Montrez et faites prononcer bien distinctement chaque syllabe d'un même mot, en vous assurant toujours que l'Elève comprend bien l'assemblage des deux lettres qui composent cette syllabe.

2º Faites lire alternativement tous les Elèves, chacun à son tour et tous ensemble : ce dernier exercice captive l'attention des Elèves, permet aux forts et aux faibles d'essayer leur force, leur donne à tous de la hardiesse, et les fait profiter sensiblement des connaissances déjà acquises par leurs condisciples.

3º Arrivé à la lecture courante, faites lire une phrase par chaque Elève, en l'obligeant à observer un léger repos entre chacune des syllabes d'un même mot, repos moins sensible cependant qu'entre des syllabes de mots différents qui se suivent. Ce léger repos entre les syllabes d'un même mot doit être exigé jusqu'à ce que les Elèves soient en état de bien lire ; la lecture sera d'abord un peu lente, mais l'Elève y gagnera une prononciation qui n'aura rien de hasar-

dée, et qui, forçant à plus d'attention sur la composition des syllabes, donnera une avance importante pour l'orthographe.

4º Faites répéter plusieurs fois de suite les mots, les syllabes ou les sons sur la prononciation desquels l'Elève montrerait quelque hésitation, et recourez, s'il est nécessaire, à l'exercice qui concerne la difficulté ; mais ne dites vous-même ces mots, ces syllabes ou ces sons que lorsque l'Elève ou les Elèves ne pourront réellement se les rappeler.

5º Au besoin, faites encore dire séparément les consonnes ou les voyelles de quelques lignes, afin d'accoutumer les Elèves à bien distinguer les articulations et les sons.

6º Entretenez-vous avec les Elèves sur la signification des mots détachés et des phrases. Cet entretien excitera leur curiosité, développera leur jugement, leur intelligence et leur mémoire ; il servira souvent aussi à leur éducation religieuse et morale.

Méthode de Lecture, par CHAPELLIER. — Epinal, chez Mᵐᵉ veuve DURAND, et en dépôt chez les principaux Libraires des Vosges.

Epinal, imprim. d'A. Cabasse, 2, rue du Collége.

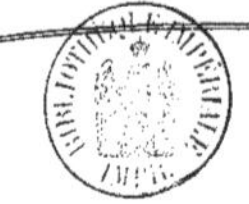

VOYELLES SUIVIES D'UNE CONSONNE.

b c d f g j l p q r s t v x z

a	ab	ac	af	aj	al	as	at	ad	ar	ap	ag
(*) è	el	eb	ed	es	ev	ec	ef	ep	eg	er	ex
i	il	ic	id	ir	ib	if	ig	ix	it	is	ip
o	ob	oz	op	ot	or	ox	ol	os	oq	of	oc
u	ur	ut	uz	uv	ul	ub	ud	us	up	uc	uf

et est ah oh eh
(1) è   è   à   ô   è

COMBINAISONS.

bac	bol	bec	bus	bal	bil	bos	but	bes	bel
ac	ol	ec	us	al	il	(**) os	ut	es	el
col	cos	cas	cul	car	coq	cir	cer	cel	cir
del	dol	dal	des	dur	dac	dor	dic	dil	duc
fac	fol	fil	for	fec	fel	fur	fir	fes	fas
gal	gas	gus	gol	gar	gor	(***) ges	gir	gil	gel
jil	jis	jac	jus	jol	jar	jel	jas	jor	jec
l'oc	l'ad	l'ib	luc	lac	lir	lar	lis	l'al	l'ex
mal	mol	mul	mis	mas	mil	mes	mir	mer	mur
nil	nul	net	nef	nif	nal	ner	nès	nir	nac
pac	pil	par	pir	pas	pur	pic	pec	pes	pal
ras	roc	ruc	ric	res	rol	rac	rul	ral	rec
soc	suc	s'il	sor	sec	ser	sol	sel	sac	sur
tic	tac	tor	tel	tas	tal	til	ter	tuf	tar
ver	val	vic	vif	vas	vec	ves	zig	zur	zag
mur	sec	col	vil	lac	bec	vol	fil	sac	car
pic	mal	sur	roc	ver	mol	bel	dur	luc	nul

(*) *e* se prononce *è* devant la plupart des consonnes qui finissent la syllabe.

(**) Prononcez *sir*.

(***) Prononcez *jes*.

(1) Ces lettres indiquent comment doivent se prononcer les combinaisons correspondantes.

PROCÉDÉS POUR L'EMPLOI DE CE TABLEAU.

1° Montrez et faites prononcer aux Elèves, d'abord lentement, les deux lettres de chacune des combinaisons de la première partie du tableau : *a-b, a-c, a-f*; et après avoir ainsi parcouru cet exercice dans tous les sens, faites-le recommencer, en obligeant les Elèves à aller de plus en plus vite, jusqu'à ce que vous obteniez l'énonciation comme elle a lieu dans la lecture courante.

2° On peut faire apprendre les combinaisons de trois lettres, soit en faisant prononcer d'abord lentement, puis de plus en plus vite, les trois lettres : *b-a-c, b-a-l*, soit en les considérant comme composées d'une syllabe de deux lettres suivies d'une consonne : *ba-c, ba-l*, ou, enfin, en faisant frapper la première consonne sur la combinaison de deux lettres qui suit : *b-ac, b-al, b-ec*.

Employez le second procédé du nᵒ 2.

Méthode de Lecture, par CHAPELLIER. — Epinal, chez Mᵐᵉ veuve DURAND, et en dépôt chez les principaux Libraires des Vosges.

Epinal, imprim. d'A. Cabasse, 9, rue du Collége.

EXERCICE.

ac ad ar ec el er or us il uc ol es

MOTS SÉPARÉS.

sac, sel, mur, mal, fer, bec, coq, fil, dur, soc, acte, vertu,
pal me, lar me, mar di, mer le, or ge, col za, fer me, ger be,
herse, garde, borne, herbe, corde, canal, porte, local, canif,
poste, calcul, total, reste, carte, buste, liste, veste, récolte,
écorce, tartine, marmite, horloge, culbute, lecture, luzerne, col.

Félix, Victor, Gustave, Octave, Casimir, Ursule, Ernestine.

LECTURE COURANTE.

Je respecte ma mère. Victor est modeste. Félix a lavé sa figure. Céleste sera active. C'est mardi la fête de ma mère. Victor me regarde lire. Félix est sorti de l'école. Victor m'a vu sur la porte. Je me dispose à sortir. Vital étamera une marmite. Casimir a sali sa veste. Rose lavera la veste de Casimir. Victor fera du calcul. Victor est actif et docile. L'élève docile est estimé. Papa va à la ferme. La ferme de papa est sur la côte. Papa a porté une gerbe d'orge. Le garde sera sévère. Je déteste la vanité. L'ami de papa est ici. La mère de Casimir est morte. Casimir est désolé. Octave a vidé une rigole. Ce canal est large. Ce sol a été cultivé. Octave sèmera de la luzerne. La luzerne sera verte. Vital fera une herse. Le colza est déjà mûr. Ursule fanera mardi. Gustave est habile. Victor pèse de la farine. Ursule s'est tiré une épine. Nestor ferme la porte. Numa sera caporal. Jérôme a lié de la salade. Hector bâtira une remise. Justine a vu une cerise mûre. Ernestine a étudié sur sa carte. L'élève inactif sera puni. Numa est porté sur la liste. Je termine ma lecture. Victor a fini de lire.

PROCÉDÉS POUR L'EMPLOI DE CE TABLEAU.

1ᵒ Montrez et faites prononcer bien distinctement chaque syllabe d'un même mot, en vous assurant toujours que l'Elève comprend bien l'assemblage des lettres qui composent cette syllabe. (Employez aussi les procédés nᵒˢ 2, 3, 4 et 6 du 3ᵉ tableau.)

Continuez à faire lire à un même Elève, non pas seulement un mot, mais au moins une ligne ou une phrase, avant de passer à l'Elève suivant.

Remarque. Lorsqu'un mot qui commence par une voyelle est précédé d'un autre mot finissant par une consonne suivie d'un *e* muet, dans le cas où le sens n'admet aucune pause entre ces deux mots, on n'énonce pas la dernière syllabe du premier mot; mais alors, on prononce la première syllabe du second, comme si elle commençait réellement par la dernière consonne de l'autre.

Méthode de Lecture, par CHAPELLIER. — Épinal, chez Mᵐᵉ veuve DURAND, et en dépôt chez les principaux Libraires des Vosges.

Épinal, imprim. d'A. Cabasse, 2, rue du Collège.

CONSONNES DOUBLES.

bb	**cc**	**ff**	**gg**	**ll**	**mm**	**nn**	**pp**	**rr**	**ss**	**w**
be	que	fe	gue	le	me	ne	pe	re	se	ve

bl	**br**	**cl**	**cr**	**dr**	**fl**	**fr**	**gl**	**gr**	**pl**
ble	bre	cle	cre	dre	fle	fre	gle	gre	ple

pr	**ps**	**tr**	**tl**	**vr**	**sc**	**sl**	**sp**	**st**	**mn**
pre	pse	tre	tle	vre	sque	sle	spe	ste	mne

ch	**ph**	**gn**	**gu**	**ill**	**qu**
vache	épitaphe	Espagne	figue	(1) feuille	que

COMBINAISONS.

a   e   i   y   o   u   é   è   ê

b   c   d   f   g   h   j   l   m   n   p   q   r   s   t   v   x   z

bl	ble	bla	bre	bli	bri	bru	bra	blu	bré
cr	cra	cru	cle	cré	cro	clu	clo	cre	cri
dr	dra	dre	dro	dru	dré	fla	fle	fro	fri
fl	fli	fre	fra	gra	gru	gle	gro	glo	gri
pl	plu	psa	pri	pla	ple	psy	pré	pra	pro
sc	scu	sca	sco	spa	spi	sté	sta	(2) scé	sci
tr	tro	tru	tra	tré	mné	vre	vra	vri	vro
ch	cha	che	ché	chi	cho	chè	chu	cher	char
ph	pha	phi	phe	phy	phlo	phré	phal	phar	phir
gn	gna	gni	gne	gnol	gné	(3) gui	gua	gué	gue
qu	que	qui	quo	qua	qu'a	qu'u	qu'il	quel	ques

EXERCICE POUR LES CONSONNES DOUBLÉES.

abbé, accusé, affiche, mille, commode, personne, nappe, pierre, paresse, carotte, collége, appel, messe, ville, butte, commerce.

(1) La lettre *l* mouillée se prononce *i-e*, comme dans *feuille*.

(2) *sc* se prononce *s* devant *e i* : scé (*sé*), sci (*si*).

(3) *gu* se prononce souvent *gue* devant *e i*, et quelquefois devant *a*.

Nota. Les syllabes et les mots en petits caractères indiquent la prononciation ; ne les faites point lire par les Elèves.

PROCÉDÉS POUR L'EMPLOI DE CE TABLEAU.

1° Faites réciter les consonnes doublées de la première ligne comme s'il n'y avait qu'une seule lettre.

2° Pour les deux lignes suivantes, exigez d'abord la prononciation distincte des deux consonnes qui se suivent : *b-l*, *b-r*, *c-l*, etc. ; puis, faites répéter tout cet exercice de plus en plus vite, jusqu'à ce que l'Elève arrive à lire : *ble*, *bre*, *cre*, etc., comme l'indiquent les syllabes qui sont imprimées en petits caractères.

3° La quatrième ligne se lit comme les syllabes des mots correspondants, où se trouvent les mêmes consonnes.

4° Pour les combinaisons de trois lettres, faites d'abord prononcer les deux premières, comme il a été indiqué, et nommer distinctement la voyelle qui suit : *b-l-e*, *b-l-a*, ou *bl-e*, *bl-a*; *ch-a*, *ph-i*, etc. ; puis, obligez l'Elève à aller de plus en plus vite, afin d'arriver seul à l'énonciation des syllabes : *ble*, *bla*, etc., comme dans la lecture courante.

Employez aussi le second procédé du n° 2.

Méthode de Lecture, par CHAPELLIER. — Épinal, chez Mᵐᵉ veuve DURAND, et en dépôt chez les principaux Libraires des Vosges.

Épinal, imprim. d'A. Cabasse, 2, rue du Collége.

EXERCICE.

al   ac   ar   ec   el   es   er   il   or   ul

bl   br   cl   gr   gl   pl   sp   vr   pr   tr

ch   ph   gn   ill   qu

MOTS SÉPARÉS.

blé, pré, frè re, lè vre, flù te, gla ne, cer cle, ci dre, su cre, ar bre, pru ne, ta ble, mar bre, vi tre, mè tre, stè re, rè gle, crible, litre, sable, place, marché, cheval, bride, char, charge, ligne, bûche, cruche, glace, crème, fromage, chèvre, barque, poche, vigne, miche, friche, orgue, église, prètre, évèque, cloche, livre, bible, flèche, chiffre, physique, sagesse, pomme.

Michel, Prosper, Fréderic, Gabriel, Alfred, Stanislas, Clotilde.

LECTURE COURANTE.

Je désire ètre sage. Je récite ma prière. Notre père céleste, que votre règne arrive. Gabriel a été à la messe. Ma mère m'a mené à l'église. Justine va à l'office. Justine est une fille dévote. Le prètre est respectable. Victor dira sa prière avec piété. Prosper a lu sur ma bible. Alfred est chéri de sa mère. Le vice dégrade. Le vice est opposé à la vertu. La paresse est un vice détestable. Le prodigue sera misérable. Clotilde travaille. Joséphine fera la charité. L'avare sera méprisé. Michel a gagné une place. Elise est une fille propre. La propreté est une qualité estimable. Michel parle avec politesse. Gabriel a patiné sur la glace. Fréderic va à la promenade. Michel est de ma taille. Victor achètera notre cheval. Philippe a ciré sa botte. Stanislas va se mettre à table. Votre frère m'a donné une prune. Appoline répète sa lecture.

PROCÉDÉS POUR L'EMPLOI DE CE TABLEAU.

1° Montrez et faites énoncer très-distinctement chaque syllabe d'un même mot, en vous assurant que l'Elève comprend bien l'assemblage des lettres qui composent cette syllabe. (Employez aussi les procédés 2, 3, 4 et 6 du 3e tableau, et la remarque du 3e.)

2° Faites lire quelques lignes en exigeant la prononciation des voyelles seules, ainsi que celle des consonnes ou articulations, afin d'accoutumer les Elèves à bien distinguer la fonction de ces éléments dans la composition des syllabes.

Remarque. Si vous êtes obligé d'aider les Elèves, ne leur lisez pas un mot couramment, mais lisez-leur en prononçant distinctement et séparément chaque syllabe, et exigez qu'ils fassent eux-mêmes comme vous leur en montrez l'exemple.

Méthode de Lecture, par CHAPELLIER. — ÉPINAL, chez Mme veuve DURAND, et en dépôt chez les principaux Libraires des Vosges.

Épinal, imprim. d'A. Cabasse, 4, rue du Collège.

VOYELLES COMPOSÉES.

a e i o u é è ê

ai	ei	au	eu	ou	oi
è	è	ô	jeu	cou	roi

an	en	in	on	un	ien
l'an	entrer	vin	mon	un	bien

EXERCICE.

au	ei	an	on	ai	ien	un	en
in	ou	ien	oi	an	eu	on	un

COMBINAISONS.

b c d f g h j l m n p q r s t v x z

bou	bai	veu	vou	loi	poi	tou	bon
ou	ai	eu	ou	oi	oi	ou	on
din	rai	roi	fon	bien	tien	jeu	san
cou	gan	dai	feu	mon	min	gon	tin
toi	pin	l'un	reu	san	sau	vin	mou
moi	van	nom	lui	foi	fou	son	fai
rou	neu	don	l'an	nou	zin	von	cun
tau	geu	gou	fun	seu	lou	lin	pon
dun	lai	lou	doi	mien	sien	joi	ron
soi	van	toi	lien	dou	meu	ceu	can

bleu	blan	trou	clou	gneu	phin	chan	quan
spon	brin	blon	brun	froi	pren	plan	chien
qu'on	psau	quoi	chou	choi	stan	qu'en	gueu

uin	ieu	oui	ian	ion	oin	iou	ouan
pieu	juin	loui	vian	lion	moin	plian	bien

PROCÉDÉS POUR L'EMPLOI DE CE TABLEAU.

1° Prenez alternativement les Elèves l'un après l'autre et tous ensemble ; montrez, nommez et faites prononcer chacun des sons composés, sans énoncer les lettres par lesquelles on les représente, mais simplement comme ils se lisent dans les mots en petits caractères auxquels ils correspondent. L'exercice servira à faire reconnaître ces sons dans une position relative différente de celle qu'ils occupent dans la leçon.

2° Pour les combinaisons, faites d'abord prononcer séparément les articulations et les sons ; ainsi, faites dire : *b-ou*, *b-ai* ; *bl-eu*, *bl-an*, etc., puis, après avoir parcouru de la sorte tout le tableau, recommencez en obligeant les Elèves à aller de plus en plus vite pour la prononciation de chaque syllabe, jusqu'à ce qu'ils l'énoncent comme dans la lecture courante : *bou*, *bai* ; *bleu*, *blan*, etc.

3° Pour les diphthongues des deux dernières lignes, faites lire d'abord : *u-in*, *i-eu* ; *pi-eu*, *ju-in*, etc., comme s'il y avait deux syllabes ; puis, arrivez insensiblement à faire prononcer comme dans la lecture ordinaire : *uin*, *ieu*, etc. ; *pieu*, *juin*, etc.

4° Faites parcourir toutes les combinaisons du tableau, de gauche à droite, de droite à gauche, de haut en bas, de bas en haut ; puis au hasard, sans ordre déterminé.

NOTA. Ce tableau devra être su *parfaitement* par tous les Elèves ; la connaissance des éléments qu'il renferme est d'une importance majeure pour une bonne lecture.

Méthode de Lecture, par CHAPELLIER. — ÉPINAL, chez Mᵐᵉ veuve DURAND, et en dépôt chez les principaux Libraires des Vosges.

Épinal, imprim. d'A. Cabasse, 9, rue du Collège.

EXERCICE.

ai ei au eu ou oi
an en in on un ien

MOTS SÉPARÉS.

lai ne, sei gle, pau vre, heu re, cou sin, poi re, voi tu re, an ge, en cre, che min, mou ton, lun di, sou tien, mu tin, le çon, foin, pointe, fraise, trente, graine, lapin, maison, voisin, gardien, montre, silence, cheveu, planche, mouche, poivre, chardon, sapin, route, boîte, chantre, cendre, neige, moineau, pinson, meuble, feuille, histoire, faîne, raisin, moulin, centime, soupe.

Justin, Simon, Eugène, Martin, André, Lucien, Henri.

LECTURE COURANTE.

Dieu a créé le monde. Le monde est l'ouvrage de Dieu. Aime Dieu et ton prochain. Honore ton père et ta mère. On protège l'orphelin. On vêtira le pauvre. Dieu sera notre juge. Mon cousin aime son frère. Mon cousin est un garçon honnête. Papa viendra demain. Lucien a bien soin de son père. On conserve le souvenir d'un bon maître. Bastien a une bonne conduite. On loue la conduite de Bastien. Ma mère veilla sur mon berceau. J'aime notre maison. Eugène brosse son pantalon. Le visage de Léon est propre. La propreté est utile à la santé. La santé est précieuse. La bonté de Dieu est grande. Mon frère est venu avec moi. Mon frère est mon ami. Séverin dira son catéchisme. André saura bien sa leçon. Je lirai l'histoire de Napoléon. La France est notre patrie. Lorsque Justin s'éveille, il pense au bon Dieu, il se lève et récite sa prière; lorsqu'il se couche, il se recommande à Dieu, à la sainte Vierge et à son Ange gardien. Maman est contente.

PROCÉDÉS POUR L'EMPLOI DE CE TABLEAU.

1° Montrez et faites énoncer très-distinctement chaque syllabe d'un même mot, en vous assurant que l'Élève comprend bien l'assemblage des articulations et des sons qui composent cette syllabe.

2° Exercez quelquefois les Elèves à nommer à part les articulations simples ou doubles, et les sons simples ou composés dans la forme. (La décomposition mise sous les deux premières lignes de la lecture courante indique la marche à suivre.)

Faites usage des procédés 2, 3, 4 et 6 du 3ᵉ tableau, et de la remarque du 8ᵉ. NOTA. L'étude de ce tableau est très-importante; on devra s'y arrêter jusqu'à ce qu'il soit su parfaitement.

Méthode de Lecture, par CHAPELLIER. — ÉPINAL, chez Mᵐᵉ veuve DURAND, et en dépôt chez les principaux Libraires des Vosges.

Épinal, Imprim. d'A. Cabasse, 8, rue du Collège.

EXERCICE.

ai	au	eu	ou	an	in	on	un
ei	eau	œu	oi	am	im	om	um

MOTS SÉPARÉS.

(1) hiver, herbe, homme, heure, histoire. (2) honte, hibou, hameau, hotte, halte. (3) maïs, faïence, païen, ciguë, Noël. (4) hoyau, crayon, noyau, paysan, moyen. (5) poirier, prunier, diner, souper, boucher. (6) action, gentiane, nation, patience. (7) chœur, chrétien, archange. (8) Jérusalem, Béthléem. (9) indemnité, solennité, femme. (10) immortel, immeuble, innovation, hymne. (11) géranium, album, *Te Deum.*

LECTURE COURANTE.

L'honneur est une richesse supérieure à toute autre. La vie de l'homme est courte. Le menteur se couvrira de honte.

Dieu donna sa loi sur le Sinaï. Héloïse haïra le mensonge. On aime le jeune garçon naïf. Papa a semé du maïs.

Le royaume du ciel est pour le juste. Le voyageur est fatigué.

Aimez à pratiquer le bien. Travaillez, afin de devenir bon ouvrier. Assistez votre vieux père. Mon vieil ami est cordonnier.

L'éducation forme le cœur. L'ambition est une passion funeste.

La mort est l'écho de la vie. Le chrétien est un disciple du Christ.

Le pèlerin aime à visiter Jérusalem et Béthléem.

La fête de Noël est solennelle. La femme est la compagne de l'homme.

L'âme de l'homme est immortelle. La croyance en Dieu est innée.

Le ciel est immense. On a chanté une hymne pieuse à Marie.

Le géranium donne une belle fleur.

REMARQUES SUR LA PRONONCIATION.

(1) L'*h* muette se prononce *e*. (2) L'*h* aspirée se prononce du gosier : *hêtre*. (3) La voyelle surmontée d'un tréma : *ï*, commence la syllabe. (4) La lettre *y* s'emploie pour deux *i* après une voyelle. (5) La lettre *e*, suivie de *r* final ou de *z*, se prononce *é*. (6) La lettre *t* devant *i* se prononce souvent *s*, lorsqu'elle s'unit à une diphthongue. (7) *ch* se prononce quelquefois *k*. (8) *em* se prononce *ème* dans quelques mots. (9) *em*, *en* se prononcent aussi quelquefois *a*. (10) *im*, *in*, *ym* suivis de *m* ou de *n*, se prononcent *ine*, *ime* dans quelques mots. (11) *um* se prononce *ome* à la fin des mots tirés du latin.

NOTA. Pour que l'Élève retienne la prononciation des syllabes qui sont l'objet des remarques, on devra s'arrêter sur chacune de ces syllabes et faire répéter plusieurs fois de suite les mots qui les renferment. — Employez les procédés 2, 3, 4 et 6 du 3ᵉ tableau.

Méthode de Lecture, par CHAPELLIER.— ÉPINAL, chez Mᵐᵉ veuve DURAND, et en dépôt chez les principaux Libraires des Vosges.

Épinal, imprim. d'A. CABASSE, 2, rue du Collège.

EXERCICE.

ai   au   eu   ou   oi   an   in   on
aul   eur   our   oir   eul   aug   ail   eil

MOTS SÉPARÉS.

(1)mot, riz, rat, bois, bras, pied, croix, soldat, chat, poids, pot, point, plat, nid, pieux, vingt, forêt, doigt, secours, bord, lait, saint, loup, bois, fruit, salut, progrès, enfant, corps, voix, prix.

LECTURE COURANTE.

L'enfant qui remplit bien (2) ses devoirs est estimé de son maître. Écoutez et suivez les sages conseils. Une mère disait: mes enfants sont mes trésors. Choisis bien tes amis. Respecte les cheveux blancs des vieillards. Des grottes, des étangs, un troupeau, des vallons, des forêts: voilà les trésors de l'homme des champs.

Les bons élèves (3)aiment le travail. Les enfants honnêtes respectent les étrangers; ils n'insultent jamais personne. Les ouvriers laborieux se créent toujours une bonne réputation. Les paresseux se rendent méprisables. Les heures passent vite dans l'atelier du bon ouvrier; elles pèsent lourdement sur la tête du paresseux. Les travaux de la campagne donnent de la vigueur et une bonne santé à ceux qui s'y occupent. Ne fais rien de honteux en présence des autres, ni dans le secret, car Dieu et ton Ange gardien te voient toujours. Souviens-toi que tous les hommes doivent mourir et rendre à Dieu un compte rigoureux de leur conduite. Ceux qui craignent Dieu recherchent ce qui lui est agréable, et ceux qui l'aiment craignent de l'offenser. Les enfants sages obéissent.

SUITE DES REMARQUES SUR LA PRONONCIATION.

(1) Bien des consonnes finales ne se prononcent pas. — (2) es se prononce è dans les monosyllabes : les, mes, tes, ses, des. — (3) Les consonnes finales nt précédées d'un e muet ne se prononcent pas dans les mots devant lesquels on peut mettre : ils, elles. — Faites remarquer aux Élèves les lettres qui ne se prononcent pas.

PROCÉDÉS POUR L'EMPLOI DE CE TABLEAU.

Quand un mot qui commence par une voyelle est précédé d'un autre finissant par une consonne, si le sens n'admet aucune pause entre ces deux mots, on prononce la première syllabe du second comme si elle commençait par la consonne finale du premier.

Appliquez aussi la remarque du n° 5, concernant l'élision de l'e muet final, ainsi que les procédés 2, 4 et 6 du n° 3.

Faites disparaître insensiblement le léger repos entre les syllabes d'un même mot, afin d'arriver en peu de temps à une bonne lecture courante.

Méthode de Lecture, par CHAPELLIER. — Épinal, chez Mᵐᵉ veuve DURAND, et en dépôt chez les principaux Libraires des Vosges.

Épinal, imprim. d'A. Cabasse, 3, rue du Collège.

EXERCICE.

ai   ei   au   eu   ou   an   in   on   un

MAXIMES EXTRAITES DES LIVRES DE LA SAGESSE.

Mes enfants, cherchez avec soin la sagesse, et demandez-la à Dieu de tout votre cœur.

La sagesse est plus précieuse que toutes les richesses, et tout ce qu'on peut désirer ne mérite pas de lui être comparé.

C'est le Seigneur qui donne la sagesse; c'est de lui que viennent la prudence et la science. Il réserve le salut comme un trésor pour ceux qui ont le cœur droit, et il protège ceux qui marchent dans la simplicité.

Il n'y a point de sagesse, point de prudence contre le Seigneur.

Celui qui fréquente les sages sera sage lui-même; l'ami des méchants deviendra semblable à eux.

Le bonheur de l'homme est dans les mains de Dieu, qui met sur ceux qui le craignent les marques d'honneur qui lui appartiennent.

L'homme sage veille dès le point du jour pour s'attacher au Seigneur, et dès l'aurore, il offre ses prières au Très-Haut.

La crainte du Seigneur est le commencement de la sagesse.

Celui qui craint le Seigneur en sera béni, et il se trouvera heureux à la fin de sa vie.

La bénédiction du Seigneur fait les hommes riches : l'affliction ne se trouvera point avec eux.

La crainte de Dieu chasse le péché; celui qui ne l'a point ne pourra devenir juste.

Peu avec la grâce et la crainte de Dieu, vaut mieux que de grands biens avec l'iniquité.

La crainte du Seigneur est la gloire des riches, des personnes en honneur et des pauvres.

PROCÉDÉS POUR L'EMPLOI DE CE TABLEAU.

Continuez, au besoin, à exiger un léger repos entre chacune des syllabes d'un même mot, et ne laissez lire couramment les tableaux 13, 14, 15 et 16 que lorsque les Élèves les auront parcourus assez de fois pour être sûrs de la prompte énonciation de toutes les syllabes.

Supplément à la Méthode de Lecture, par CHAPELLIER.— Épinal, chez Mᵐᵉ veuve DURAND, et en dépôt chez les principaux Libraires des Vosges.

Épinal, imprim. d'A. Cabasse, 2, rue du Collège.

EXERCICE.

ai   ei   au   eu   ou   oi   an   en   in

SUITE DES MAXIMES.

Écoutez, enfants, les avis de votre père, et suivez-les, afin que vous soyez sauvés.

Honorez de tout votre cœur votre père et votre mère, et n'oubliez point les bienfaits que vous tenez d'eux.

Honorez votre père et votre mère par vos actions, par vos paroles et par une patience sans bornes, afin qu'ils vous bénissent et que leur bénédiction demeure sur vous jusqu'à la fin.

Le fils qui honore son père trouvera sa joie dans ses enfants, et il sera exaucé au jour de sa prière.

Celui qui honore sa mère est comme un homme qui amasse un trésor.

Celui qui profite des avis et des corrections est dans la bonne voie; mais celui qui néglige la réprimande s'égare.

L'insensé se moque de la correction de son père; l'enfant qui se rend au châtiment deviendra plus sage.

Mon fils, soulagez votre père dans sa vieillesse et ne l'attristez point durant sa vie.

Celui qui abandonne son père est un infâme, et celui qui aigrit l'esprit de sa mère est maudit de Dieu.

Celui qui dérobe à son père et à sa mère montre qu'il n'éprouverait aucune peine de les voir mourir.

La bénédiction du père affermit la maison des enfants; la malédiction de la mère la détruit jusqu'aux fondements.

Le fils mal instruit est la honte de son père. La fille immodeste sera méprisée.

Jeune homme, écoutez avec douceur ce qu'on vous dit, afin de pouvoir y répondre avec intelligence et sagesse.

Si vous connaissez un homme respectable, allez le trouver dès le point du jour, et que votre pied presse souvent le seuil de sa porte.

Supplément à la Méthode de Lecture, par CHAPELLIER.— Épinal, chez Mᵐᵉ veuve DURAND, et en dépôt chez les principaux Libraires des Vosges.

Épinal, Imprim. d'A. Cabasse, 2, rue du Collége.

EXERCICE.

ai   eu   au   ei   oi   en   ou   in   an   on   un   ien

SUITE DES MAXIMES.

Mon fils, éprouvez votre âme pendant votre vie, et si vous trouvez qu'une chose lui soit mauvaise, ne la lui accordez pas.

Pensez dans toutes vos actions à votre dernière fin, et vous ne pécherez point.

Si les méchants veulent vous attirer par leurs caresses, ne vous y laissez point aller; craignez de tomber dans leurs piéges; marchez dans la bonne voie, et ne quittez point les sentiers du juste.

N'imitez point celui qui est injuste, car le Seigneur a en abomination tout homme de mauvaise foi.

Il frappera d'indigence la maison de l'impie, mais il bénira la maison des justes.

Soyez également juste envers les petits et envers les grands.

La mémoire du juste sera accompagnée de louanges, mais le nom de l'impie pourrira.

Consultez votre propre conscience si votre cœur est droit, car alors vous n'aurez point de plus fidèle conseiller.

Ayez la crainte de Dieu devant les yeux et ne vous mettez point en colère contre votre prochain.

Évitez les disputes, et vous couperez la racine à bien des péchés.

Pardonnez le mal qu'on vous a fait, et vos péchés vous seront remis quand vous en demanderez pardon.

La sagesse d'un homme se reconnaît par sa patience; il lui est glorieux de n'avoir point de ressentiment de l'injure qu'on lui a faite.

Humiliez-vous en toutes choses, et vous trouverez grâce devant Dieu; car lui seul est grand et puissant, et il n'est honoré que par les humbles.

Qu'un autre vous loue, et non votre propre bouche; que ce soient des étrangers, et non vos propres lèvres qui publient ce qu'il y a de bon en vous.

Bannissez de votre cœur les mauvaises inspirations, car les plaisirs mondains ne sont que vanité.

Il y a une parole qui est une parole de mort : c'est le blasphème contre Dieu; que cette parole ne se trouve jamais dans votre bouche. La bouche qui blasphème est un soupirail de l'enfer.

Ne soyez point sans crainte de l'offense qui vous a été remise, et n'ajoutez point péchés sur péchés; car Dieu est quelquefois lent à punir les crimes, mais il les punira avec d'autant plus de rigueur qu'il les aura plus longtemps supportés.

Trois choses plaisent à Dieu et aux hommes, et en sont approuvées : l'union des frères, l'amour du prochain, la concorde du ménage.

Aimez votre prochain et soyez-lui fidèle dans l'union que vous avez avec lui.

L'ami fidèle est une forte protection : celui qui l'a trouvé possède un trésor.

L'homme qui craint le Seigneur sera heureux en amis, car ses amis lui seront semblables; il les choisira tels qu'il est lui-même.

Ne vous éloignez pas de ceux qui sont dans la tristesse; gémissez avec ceux qui pleurent.

Mon fils, ne privez pas le pauvre de son aumône et ne détournez pas vos yeux de lui; lorsqu'il implore votre assistance, répondez-lui favorablement et avec douceur.

Celui qui donne aux pauvres n'aura besoin de rien; mais celui qui les méprise lorsqu'ils le prient, tombera lui-même dans l'indigence.

Celui qui donne aux pauvres prête au Seigneur.

Ayez pitié des orphelins, ne les abandonnez point, vous serez à l'égard du Très-Haut comme un fils obéissant, et il aura compassion de vous.

La libéralité est agréable à tous : exercez-la donc envers les vivants, et qu'elle s'étende aussi sur les âmes de ceux qui ne sont plus.

L'expérience consommée est la couronne des vieillards, et la crainte de Dieu est leur gloire.

Supplément à la Méthode de Lecture, par CHAPELLIER.— Épinal, chez Mᵐᵉ veuve DURAND, et en dépôt chez les principaux Libraires des Vosges.

Épinal, imprim. d'A. Cabasse, 2, rue du Collège.

EXERCICE.

ai   ou   ei   au   oi   in   an   on   en   un   eu   ien

SUITE DES MAXIMES.

Les biens et les maux, la vie et la mort, la pauvreté et les richesses viennent de Dieu.

Il n'y a point de richesses plus grandes que la santé du corps, ni de plaisir égal à la joie que donne la paix du cœur et que procure le repos d'une bonne conscience.

Les richesses sont bonnes à celui dont la conscience est pure; la pauvreté est très-mauvaise au méchant qui a le murmure dans la bouche.

Le pauvre qui se suffit à lui-même, et qui sait trouver par son travail de quoi subsister, vaut mieux qu'un homme glorieux qui n'a point de pain, et qui se croirait déshonoré s'il travaillait pour en gagner.

La vie de celui qui se contente de ce qu'il gagne par son travail, sera remplie de douceur; il possède un trésor que personne ne peut lui ravir.

Ne fuyez point les ouvrages laborieux, ni le travail de la campagne, qui a été institué par le Très-Haut.

Celui qui laboure sa terre sera rassasié; mais celui qui aime à ne rien faire tombera dans l'indigence.

Celui qui amasse pendant la moisson est sage; mais celui qui dort pendant l'été sera misérable.

Le bien amassé à la hâte diminuera; le bien qui se recueille à la main, et peu à peu, se multipliera.

Si vous devenez laborieux, votre maison sera comme une source abondante, et l'indigence fuira loin de vous.

Où l'on travaille beaucoup, là est l'abondance; mais où l'on parle beaucoup, l'indigence se trouve souvent.

Celui qui craint le travail est frère de celui qui dissipe; il tombera comme lui dans une extrême pauvreté.

Paresseux, allez à la fourmi, considérez sa conduite et apprenez d'elle à être sage; elle a soin de faire sa provision durant l'été et d'amasser pendant la moisson de quoi se nourrir.

Le paresseux est comme lapidé avec de la boue; tous parleront de lui pour le mépriser. Tous ceux qui le toucheront secoueront leurs mains, comme s'ils avaient touché quelque chose de souillé.

Le trompeur ne jouira point du gain qu'il cherche; mais les richesses de l'homme juste lui seront conservées.

L'homme vertueux laisse héritiers de ses biens ses fils et ses petits-fils; mais le bien du pécheur ne passera point à sa famille.

Celui qui cache le blé dans le temps de la famine sera maudit des peuples; mais la bénédiction viendra sur ceux qui le vendent.

N'enviez point la gloire ni les richesses du pécheur, car vous ne savez quelle en sera la fin.

Prêtez à votre prochain au temps de la nécessité; mais aussi rendez-lui vous-même, au temps marqué, ce qu'il vous aurait prêté.

Ne traitez pas mal le serviteur qui travaille fidèlement, ni le mercenaire qui se dévoue entièrement à votre service.

Celui qui se réjouit de la ruine des autres n'évitera point le châtiment.

Double poids et double mesure sont des choses abominables devant Dieu.

Ne donnez point à un autre le bien que vous possédez, de peur que vous ne vous en repentiez et que vous ne soyez réduit à lui demander avec prière. Tant que vous vivrez et que vous respirerez, que personne ne vous fasse changer sur ce point, car il vaut mieux que ce soient vos enfants qui vous prient, que d'être réduit à attendre ce qui vous viendra d'eux.

Ayez soin de vous faire une bonne réputation : c'est un bien plus solide que les plus grands trésors.

Nota. Les tableaux destinés à recevoir les feuilles de cette Méthode sont, pour l'Ecole mutuelle d'Epinal, des planchettes de sapin avec de simples bordures en hêtre, de 45 millimètres de largeur. Ces tableaux ont de 49 à 50 centimètres de hauteur, sur 36 de largeur. Des pitons, vissés sur le milieu de la bordure supérieure, servent à les suspendre aux tringles.

Supplément à la Méthode de Lecture, par CHAPELLIER. — Épinal, chez Mᵐᵉ veuve DURAND, et en dépôt chez les principaux Libraires des Vosges.

Epinal, imprim. d'A. Cabisel, 1, rue du Collège.

COURS D'ÉTUDES PRIMAIRES

Rédigé conformément à l'instruction ministérielle du 18 novembre 1871

PAR UNE SOCIÉTÉ D'INSTITUTEURS, DE DIRECTEURS D'ÉCOLES NORMALES ET D'INSPECTEURS PRIMAIRES

MÉTHODE
DE LECTURE

DES ÉCOLES PRIMAIRES

Méthode simple et rationnelle au moyen de laquelle on peut apprendre à lire très-promptement

AUX ENFANTS ET AUX ADULTES

Par M. MIGNON

Instituteur du degré supérieur

Auteur du TABLEAU MURAL DE LECTURE A CARACTÈRES MOBILES

PARIS

LIBRAIRIE HACHETTE ET Cⁱᵉ

79, BOULEVARD SAINT-GERMAIN, 79

—

1873

<table>
<tr><td>Ire ÉTUDE
VOYELLES ou SONS SIMPLES</td><td>1ER TABLEAU</td><td>LES VOYELLES OU SONS SIMPLES
REPRÉSENTÉS PAR UNE LETTRE</td></tr>
</table>

LES SONS SIMPLES

a e é è ê i y o u

A E I Y O U

LES ACCENTS

Accent aigu (´)   Accent grave (`)   Accent circonflexe (^)

EXERCICES

u	o	y	i	ê	è	é	e	a
e	a	o	u	i	e	a	i	u
é	e	ê	i	a	è	y	é	è
u	a	e	o	è	u	i	ê	y

PROCÉDÉS D'ENSEIGNEMENT POUR LA LECTURE DES TROIS PREMIERS TABLEAUX

Le maître ou son aide montre les voyelles en les nommant dans l'ordre naturel ; les élèves les répètent en même temps ; le maître les montre ensuite dans un ordre inverse, puis au hasard : les élèves les nomment après lui. Enfin, il désigne tantôt un élève, tantôt un autre, et demande qu'on nomme les voyelles dans (eur ordre naturel, ensuite dans un ordre inverse, puis au hasard.

Quand les élèves connaissent parfaitement les voyelles, on passe à l'étude des articulations placées devant un son simple ; le maître fera d'abord apprendre aux élèves cinq ou six consonnes. Avec ces premiers éléments, il pourra composer des mots, puis de petites phrases. A l'aide de caractères mobiles (ou, à défaut, à l'aide de caractères tracés à la craie sur le tableau noir), il fixera sur le tableau noir les voyelles qu'il fera nommer par les enfants ; puis il placera devant chaque son, successivement, les diverses consonnes étudiées. Quand un enfant hésite dans la lecture d'un mot, le maître lui en montre les éléments isolés dans le tableau des principes.

Le maître dira aux élèves que, pour lire les articulations, on suppose que l'e muet est écrit à la suite de chacune d'elles comme dans la troisième colonne des 2e et 3e tableaux ; dans la lecture, il n'y a donc qu'à remplacer l'e muet par les autres voyelles simples ou composées. Le maître fera remarquer avec soin l'analogie qui existe entre c (dur) et qu, entre c (doux), s et sc, entre z et s placé entre deux voyelles ; entre f et ph, entre g (doux) et j. Il dira que la lettre h est nulle, excepté dans ch et ph. Il apprendra aux enfants à distinguer immédiatement les trois accents, et il leur fera remarquer que l'apostrophe ne change rien à la prononciation.

L'enfant lira les mots en les décomposant par syllabes, puis il les prononcera rapidement. — L'étude des syllabes se fera d'abord par lignes horizontales, ensuite par lignes verticales, enfin dans tous les sens et en prenant une syllabe au hasard.

Librairie HACHETTE et Cie, boulevard Saint-Germain, 79, à Paris.

Typographie Lahure, rue de Fleurus, 9, à Paris.

2ᵐᵉ ÉTUDE
SYLLABES DIRECTES

2ᵐᵉ TABLEAU

LES ARTICULATIONS SIMPLES
DEVANT LES SONS SIMPLES

ARTICULATIONS minuscules	SYLLABES FORMÉES D'UNE ARTICULATION SIMPLE ET D'UN SON SIMPLE									ARTICULATIONS majuscules
	a	e	é	è	ê	i	y	o	u	
b	ba	be	bé	bè	bê	bi	by	bo	bu	B
c*	ca	»	»	»	»	»	»	co	cu	C
d	da	de	dé	dè	dê	di	dy	do	du	D
f { f / ph	fa / pha	fe / phe	fé / phé	fè / phè	fê / phê	fi / phi	fy / phy	fo / pho	fu / phu	F
g** { g / gu	ga / gua	» / gue	» / gué	» / guè	» / guê	» / gui	» / guy	go / »	gu / »	G
h (Lettre nulle)	ha	he	hé	hè	hê	hi	hy	ho	hu	H
j { j / g / ge	ja / » / gea	je / ge / »	jé / gé / »	jè / gè / »	jê / gê / »	ji / » / »	jy / » / »	jo / » / geo	ju / » / »	J
k	ka	ke	ké	kè	kê	ki	ky	ko	ku	K
l	la	le	lé	lè	lê	li	ly	lo	lu	L

* La plupart des auteurs font nommer cette lettre : *que, ce.* — ** La plupart des auteurs font nommer cette lettre : *gue, ge.*

EXERCICES

MOTS. — Da da, do du, bo bo, le bo a, l'i do le, fa de, l'é co le, la fi gue, la ca ge, le ca fé, le dé lu ge, la bi le, la fa ça de, fi dè le, le dé fi, l'â ge, le ki lo, le ba ga ge, le gué, la gi gue, le gui de, le co ke, le ju ge, le co de, le ca fé.

PHRASES. — Bé bé a du bo bo; A dè le a de la bi le; le gui de fi dè le; la fa ça de de l'é di fi ce; Ju li e a bu; Cé ci le a du co co; la ca ge de fi fi; ce do gue a la ga le; l'ha bi le La my dé ga gea Ju de; la jo li e ba gue de Ja ko; O di le a ca jo lé bé bé; ce ci l'a dé ci dé; Hé li a la fa ce ge lé e.

Librairie HACHETTE et Cⁱᵉ, boulevard Saint-Germain, **79**, à Paris.

Typographie Lahure, rue de Fleurus, 9, à Paris

2ᵐᵉ ÉTUDE (SUITE) — SYLLABES DIRECTES — **3ᵐᵉ TABLEAU** — LES ARTICULATIONS SIMPLES DEVANT LES SONS SIMPLES

ARTICULATIONS minuscules	SYLLABES FORMÉES D'UNE ARTICULATION SIMPLE ET D'UN SON SIMPLE									ARTICULATIONS majuscules
m	ma	me	mé	mè	mê	mi	my	mo	mu	M
n	na	ne	né	nè	nê	ni	ny	no	nu	N
p	pa	pe	pé	pè	pê	pi	py	po	pu	P
q-qu	qua	que	qué	què	quê	qui	quy	quo	»	Q
r	ra	re	ré	rè	rê	ri	ry	ro	ru	R
s — s	sa	se	sé	sè	sê	si	sy	so	su	S
ç	ça	»	»	»	»	»	»	ço	çu	
c	»	ce	cé	cè	cê	ci	cy	»	»	
sc	»	sce	scé	scè	sce	sci	scy	»	»	
t	ta	te	té	tè	tê	ti	ty	to	tu	T
v	va	ve	vé	vè	vê	vi	vy	vo	vu	V
x	xa	xe	xé	xè	xê	xi	xy	xo	xu	X
z	za	ze	zé	zè	zê	zi	zy	zo	zu	Z
gn	gna	gne	gné	gnè	gnê	gni	gny	gno	gnu	
ch	cha	che	ché	chè	chê	chi	chy	cho	chu	
ill	illa	ille	illé	illè	illê	illi	illy	illo	illu	

EXERCICES

MOTS. — Mi di, a mi, u ne ba di ne, l'é cu me, l'i ma ge, no ma de, la mo ra le, ti mi de, pa pa, le pè re, la mè re, la tê te, ma da me, la mo dé, a mi e, la fa mi ne, u ne mi nu te, la ma ti né e, la fu mé e, la ma do ne, la pi e, l'é lè ve, la mo de, la li mi te, l'é co no mi e, u ne é pa ve, la ga le rie, l'é tu de, la co mé die, la mu si que, la na tu re, le na vi re, le nu a ge, la fo li e, la ti re li re, l'é tu ve, la py ra mi de, u ne ly re, u ne gué ri te, u ne lo que, So phi e, le phi lo so phe, la Phé ni ci e, une qua li té, le cu ré, la ga lè re, la ba gue, la fi gu re, le pa ra ly ti que, le ké pi, le co ke, la pi que, la ha che, la gui ta re, l'u sa ge, l'ha bi tu de, le po è le, l'é vê que, la ca ve, u ne é pi ta phe, u ne ba gue, u ne ri xe, la bo xe.

Librairie HACHETTE et Cⁱᵉ, boulevard Saint-Germain, 79, à Paris.

Typographie Labure, rue de Fleurus, 9, à Paris.

2ᴹᴱ ÉTUDE (SUITE)
SYLLABES DIRECTES

4ᴹᴱ TABLEAU

LES ARTICULATIONS SIMPLES
DEVANT LES SONS SIMPLES
(SUITE DES EXERCICES)

PHRASES. — Le ca fé mo ka; la ly re de Re my; Fé li ci té é tu di e; le ca ma ra de de Bo ni fa ce a vi dé sa va li se; Zo é a vu le ju ge; Jé rô me se fa ti gue; l'a mi fi dè le; l'é pi a mû ri; Ma xi me a dé vo ré le rô ti; la fi gu re d'É lé o no re m'a pa ru ta ché e; le na vi re vo gue; u ne pa ro le é qui vo que; Ju li e ta qui ne Ma ri e.

La guê pe pi que; la gué ri te so li de; la ra me ne va qu'à de mi; Pé la gi e a vu la dé pê che; cha que é lè ve a lu u ne li gne; A dè le a u ne jo li e phy si o no mi e; Do mi ni que a vi si té l'A mé ri que; Phi lo gè ne a ca ché ma ha che; Ho no ri ne fe ra u ne ca mi so le; la cha ri té de la di gne mè re de fa mi lle; pa pa fu me sa pi pe.

Le hâ le a fa né ce lé gu me; Phi lo mè ne a la fi gu re hâ ve; j'ha bi te u ne pi è ce hu mi de; ma ro be a é té sa li e; le pa cha a ga gné la ba ta ille; Ma xi me a vi dé la fu ta ille; la pa ille a é té sé ché e; la mé da ille de la pe ti te fi lle a é té re mi se à sa fa mi lle; la ci go gne a a va lé u ne che ni lle; la bi che fu i ra; je ga gne le pa ri; le cy gne se ca che; Thé o do re a sci é u ne bû che de chê ne; So phi e qui a si gné sa pa ge a fi ni sa tâ che; la pê che a mû ri.

Dé si ré a pa ru à la scè ne fi na le; Hé lè ne qui se cha ma ille n'a chè ve ra sa be so gne que sa me di; É mi le i gno re ce qui se fe ra; la va che d'I gna ce a é té a che té e à Che va gne; l'hu ma ni té du ri che se ra bé ni e; la fa mi ne rè gne; la fa ri ne se ra ta xé e; je dé si re que Lé o ni e sa che li re; la mè re Gi go gne se fâ che.

Librairie HACHETTE et Cⁱᵉ, boulevard Saint-Germain, **79**, à Paris.

Typographie Lahure, rue de Fleurus, 9, à Paris.

3ᴹᴱ ÉTUDE — SYLLABES DIRECTES — 5ᴹᴱ TABLEAU — LES ARTICULATIONS COMPOSÉES DEVANT LES SONS SIMPLES

ARTICULATIONS		SONS						
		a	e	é	è	i	o	u
bl		bla	ble	blé	blè	bli	blo	blu
br		bra	bre	bré	brè	bri	bro	bru
ch		cha	che	ché	chè	chi	cho	chu
cl	cl	cla	cle	clé	clè	cli	clo	clu
	chl	chla	chle	chlé	chlè	chli	chlo	chlu
cr	cr	cra	cre	cré	crè	cri	cro	cru
	chr	chra	chre	chré	chrè	chri	chro	chru
dr		dra	dre	dré	drè	dri	dro	dru
fl	fl	fla	fle	flé	flè	fli	flo	flu
	phl	phla	phle	phlé	phlè	phli	phlo	phlu
fr	fr	fra	fre	fré	frè	fri	fro	fru
	phr	phra	phre	phré	phrè	phri	phro	phru
gl		gla	gle	glé	glè	gli	glo	glu
gn		gna	gne	gné	gnè	gni	gno	gnu
gr		gra	gre	gré	grè	gri	gro	gru
ill		illa	ille	illé	illè	illi	illo	illu
pl		pla	ple	plé	plè	pli	plo	plu
pr		pra	pre	pré	prè	pri	pro	pru
ps		psa	pse	psé	psè	psi	pso	psu
rh		rha	rhe	rhé	rhè	rhi	rho	rhu
sc		sca	sce	scé	scè	sci	sco	scu
scr		scra	scre	scré	scrè	scri	scro	scru
sp		spa	spe	spé	spè	spi	spo	spu
sph		spha	sphe	sphé	sphè	sphi	spho	sphu
st		sta	ste	sté	stè	sti	sto	stu
th		tha	the	thé	thè	thi	tho	thu
tr		tra	tre	tré	trè	tri	tro	tru
vr		vra	vre	vré	vrè	vri	vro	vru
w*		wa	we	wé	wè	wi	wo	wu
sbe, sme		sve	sple	sle	scle	stre	mne	pne

* Se prononce ordinairement comme V.

PROCÉDÉS D'ENSEIGNEMENT POUR LA LECTURE DE CE TABLEAU.

La lecture des syllabes directes composées d'une articulation double ou triple devant un son simple ou composé, peut être apprise au moyen de deux procédés : 1° L'enfant doit être exercé d'abord à bien reconnaître les articulations doubles ou triples prises chacune isolément ; le maître fixe ensuite au tableau noir les caractères mobiles (à défaut il les trace à la craie) qui représentent ces articulations ; il place à la suite de chacune d'elles les sons simples, et il obtient ainsi bl u, cr e, sp i, sl a, etc. — 2° Le maître montre sur le tableau noir une syllabe directe composée d'une articulation simple, comme lu, re, pi, la, etc., et il place devant cette syllabe une autre articulation, ce qui donne b lu, c re, s pi, s la, etc.

3° Toutes les fois que, dans la lecture, un enfant hésite à nommer un son ou une articulation, le maître la montre dans le tableau des principes et la fait nommer.

Librairie HACHETTE et Cⁱᵉ, boulevard Saint-Germain, 79, à Paris.

Typographie Lahure, rue de Fleurus, 9, à Paris.

3ME ÉTUDE (SUITE)
SYLLABES DIRECTES

6ME TABLEAU

LES ARTICULATIONS COMPOSÉES
DEVANT LES SONS SIMPLES

EXERCICES

MOTS. — La gi ro flé e, u ne ci ca tri ce, je ga gne, le ga ge, le ca li ce, le crâ ne, le cè dre, la ci ga le, u ne i ma ge, le pro blè me, l'o gre, le glo be, le pli, le trè fle, le pré, la pro pre té, un e é gli se, la pri è re, tri ple, qua dru ple, la pla ce, la phra se, le frê ne, la gri ma ce, la grê le, u ne a gra fe, la plu me, é cri re, la vi tre, le zè bre, la brè che, la stro phe, a gré a ble, la sphè re, la spi ra le, le cri.

La cli que, la sta tu e, Flo re, la fa illi te, pi a ille, bé ni gne, la Tri ni té, le fra tri ci de, le cro co di le, le ca dre, la flû te, le fro ma ge, le gla na ge, le scru pu le, sta ble, tra gi que, spé ci fi que, le sté no gra phe, le stra ta gè me, la ma chi ne, ma gni fi que, la bi bli o thè que, la fru ga li té, la fri tu re, le chrô me, le sbi re, le rhu me, le thè me, le stè re, la spa tu le, la sphè re, mné mo ni que, la ba lu stra de, le sla ve, l'o gre.

PHRASES. — Le pha re bri lle; le pho spho re brû le; Thi - mo thé e fe ra ta pho to gra phi e; je gri lle de t'é cri re; j'a chè te u ne li vre de su cre; Ro se dé si re u ne ré si lle; Zé phi ri ne a re çu ce châ le; Jo sé phi ne a é gra ti gné la fi gu re d'I gna ce; vo tre be so gne se ra di mi nu é e; qui la ro gne ra? je ga gne ma vi e; je prê te u ne che vi lle à Thè cle; la fi è vre le pri ve de la pa ro le; la flè che a tu é la chè vre; A dè le é cri ra u ne phra se; cha pi tre qua tre.

Flo re a é té à la pro me na de; je ta ille ma plu me; ce vé né ra ble prê tre a bé ni no tre clo che; le blé pro du i ra de la fa ri ne; ce pli a é té ca che té; A ga the a re çu u ne gla ce, ou tre ce li vre; Fa bri ce pré fè re la pra ti que à la thé o ri e; le pro di gue se ru i ne ra; Cla ra a plu à ma fa mi lle; Zo é se cogna la tê te; ce pa ra gra phe se ra a bré gé; Fa bri ce se pro mè ne.

Librairie HACHETTE et Cⁱᵉ, boulevard Saint-Germain, **79**, à Paris.

Typographie Lahure, rue de Fleurus, 9, à Paris.

4ME ÉTUDE — SYLLABES DIRECTES	7ME TABLEAU	LES ARTICULATIONS SIMPLES DEVANT LES SONS SIMPLES représentés par deux lettres

SONS SIMPLES REPRÉSENTÉS PAR DEUX LETTRES

e	o	è			oa	SONS NASALS			
eu	au	ai	ei	ou	oi	in	an	un	on
b eu	b au	b ai	b ei	b ou	b oi	b in	b an	b un	b on
d eu	d au	d ai	d ei	d ou	d oi	d in	d an	d un	d on
f eu	f au	f ai	f ei	f ou	f oi	f in	f an	f un	f on
ph eu	»	ph ai	ph ei	»	»	ph in	ph an	»	ph on
l eu	l au	l ai	l ei	l ou	l oi	l in	l an	l un	l on
n eu	n au	n ai	n ei	n ou	n oi	n in	n an	n un	n on
m eu	m au	m ai	m ei	m ou	m oi	m in	m an	m un	m on
p eu	p au	p ai	p ei	p ou	p oi	p in	p an	p un	p on
r eu	r au	r ai	r ei	r ou	r oi	r in	r an	r un	r on
t eu	t au	t ai	t ei	t ou	t oi	t in	t an	t un	t on
v eu	v au	v ai	v ei	v ou	v oi	v in	v an	v un	v on
k eu	k au	k ai	k ei	k ou	k oi	k in	k an	k un	k on
qu eu	qu au	qu ai	qu ei	qu ou	qu oi	qu in	qu an	qu un	qu on
»	c au	c ai	»	c ou	c oi	»	c an	c un	c on
c eu	»	ç ai	»	»	ç oi	c in	ç an	»	ç on
s eu	s au	s ai	s ei	s ou	s oi	s in	s an	s un	s on
x eu	x au	x ai	»	x ou	x oi	x in	x an	»	x on
z eu	z au	z ai	z ei	z ou	z oi	z in	z an	z un	z on
»	g au	g ai	»	g ou	g oi	»	g an	g un	g on
gu eu	»	gu ai	»	»	»	gu in	gu an	»	gu on
g eu	ge au	ge ai	g ei	»	ge oi	g in	ge an	»	ge on
j eu	j au	j ai	»	j ou	j oi	j in	j an	j un	j on
gn eu	gn au	gn ai	gn ei	gn ou	gn oi	gn in	gn an	»	gn on
ch eu	ch au	ch ai	ch ei	ch ou	ch oi	ch in	ch an	ch un	ch on
h eu	h au	h ai	h ei	h ou	h oi	h in	h an	h un	h on

Le 7e et le 8e TABLEAU seront rapprochés et étudiés ensemble, pour que le Maître puisse montrer chaque articulation successivement placée devant les divers sons composés de plusieurs lettres.

Librairie HACHETTE et Cie, boulevard Saint-Germain, 79, à Paris.

Typographie Lahure, rue de Fleurus, 9, à Paris.

| 5ME ÉTUDE
SYLLABES DIRECTES | 8ME TABLEAU | | | | | LES ARTICULATIONS SIMPLES
DEVANT LES SONS COMPOSÉS | | | | |

SONS DOUBLES OU DIPHTHONGUES

ia	ié	io	ui	ieu	ian	ien	ion	oin	iai iau iou oui
b ia	b ié	b io	b ui	b ieu	b ian	b ien	b ion	b oin	b iai
d ia	d ié	d io	d ui	d ieu	d ian	d ien	d ion	d oin	d iou
f ia	f ié	f io	f ui	f ieu	f ian	f ien	f ion	f oin	f oui
ph ia	ph ié	»	»	»	ph ian	»	ph ion	»	»
l ia	l ié	l io	l ui	l ieu	l ian	l ien	l ion	l oin	l oui
n ia	n ié	n io	n ui	n ieu	n ian	n ien	n ion	n oin	n iai
m ia	m ié	m io	m ui	m ieu	m ian	m ien	m ion	m oin	m iau
p ia	p ié	p io	p ui	p ieu	p ian	p ien	p ion	p oin	p iau
r ia	r ié	r io	r ui	r ieu	r ian	r ien	r ion	r oin	r oui
t ia	t ié	t io	t ui	t ieu	t ian	t ien	t ion	t oin	t iau
v ia	v ié	v io	v ui	v ieu	v ian	v ien	v ion	v oin	v iou
k ia	»	k io	»	k ieu	»	»	»	»	»
qu ia	qu ié	»	q ui	qu ieu	»	qu ien	qu ion	»	»
»	»	»	c ui	»	»	»	»	c oin	»
c ia	c ié	c io	ç ui	c ieu	c ian	c ien	c ion	ç oin	c iou
s ia	s ié	s io	s ui	s ieu	s ian	s ien	s ion	s oin	s iou
x ia	x ié	x io	»	x ieu	»	x ien	x ion	»	»
z ia	z ié	z io	z ui	z ieu	z ian	z ien	z ion	z oin	»
»	»	»	»	»	»	»	»	g oin	g oni
»	gu ié	»	g ui	»	»	»	gu ion	»	»
g ia	g ié	g io	»	g ieu	g ian	g ien	g ion	»	»
»	»	»	j ui	»	»	»	»	j oin	j oui
gn ia	gn ié	gn io	»	gn ieu	»	gn ien	gn ion	»	»
ch ia	ch ié	ch io	ch ui	ch ieu	ch ian	ch ien	ch ion	ch oin	ch iou
h ia	h ié	h io	h ui	h ieu	h ian	h ien	h ion	h oin	h iou

Le 7e et le 8e TABLEAU seront rapprochés et étudiés ensemble, pour que le Maître puisse montrer chaque articulation successivement placée devant les divers sons composés de plusieurs lettres.

Librairie HACHETTE et Cie, boulevard Saint-Germain, 79, à Paris.

Typographie Lahure, rue de Fleurus, 9, à Paris.

4ME ET 5ME ÉTUDE (SUITE)
SYLLABES DIRECTES

9ME TABLEAU

LES ARTICULATIONS SIMPLES
DEVANT LES SONS COMPOSÉS

EXERCICES

MOTS — Le feu, le ne veu, le jeu, la bou le, la toi le, le vin, le mou lin, goû té, le ca illou, le gou jon, la cou pe, l'é tou pe, fou gue, un co quin, di man che, lun di, jeu di, sa me di, l'heu re, hon teu se, le mien, le sien, le sou tien, le vau rien, le ha illon, le bien, le mon de, la fin, le lin, un mou che ron, on ze, dou ze, quin ze, qua ran te, cin quan te, la rou te, le sa lon, le pan tin, u ne gui gne, l'au be, la nei ge, la loi, la poi gne, la rei ne, la rieu se, la con ta gion, le soin, la rui ne.

Au mô ne, moi, toi, soi, la boî te, le foin, le té moin, la cui sne, mon, ton, son, u ne chai se neu ve, le sau le, la tau pe, la pei ne, la vei ne, la meu le, jau ne, rou ge, le coin du feu, la syn co pe, le sy co mo re, la syn ta xe, la con fi tu re, le chi gnon, le pin son, l'ho ri zon, l'hy po thè se, le thé, le chou, la mon ta gne, la bê che, la chau miè re, la ro sée, ma tan te, la pa roi, la jou e, la voû te, la gueu le du lion, oui, non, l'é tui, cha cun, au cun, le ma çon, la vian de, un pion, châ tié, le quai, rui né, cui re, u ne an dou ille, quan ti té.

PHRASES. — La pou le cou ve; la fè te de la se mai ne sui van te; Pau lin i gno re l'hi stoi re; mon a mi a u ne hau te ta ille; Si mon a la tê te chau ve; Ca the ri ne é tu di e sa le çon; j'ai en ten du u ne jo li e chan son; j'ai me l'hui le d'o li ve; mon on cle se ra mon sou tien; on dou te de ma pa ro le; An toi ne a se mé l'a voi ne; j'ai man gé du bon bon; la queu e du chien a é té cou pé e; la din de a pon du.

Le cha ran çon ron ge le blé; on man ge ra de la vo la ille; la sou pe au lé gu me; ce ru ban de sa tin rou ge a é té a che té lun di; je pri e le bon Di eu cha que ma tin; le geai a sa li le ba di geon; Su zon dé cou pa un ro gnon de mou ton; dé bou che le sy phon; on au ra be soin d'u ne fau cheu se ou d'un ha che-pa ille; Ma thieu soi gne son la pin; le ma thé ma ti cien o pè re; la fan tai si e de Flo re n'a rien de gai; son rhu me a di mi nué; é tu di e la po é si e ly ri que; Sym pho rien s'ha bi tu e à la lai ne; l'hu mi di té de la mau vai se sai son nui ra à la vi gne; voi ci u ne oi e de Co chin chi ne; ma man dé si re que je me joi gne à toi; l'A scen sion.

Librairie HACHETTE et Cie, boulevard Saint-Germain, 79, à Paris.

Typographie Labure, rue de Fleurus, 9, à Paris.

| 6ME ÉTUDE | | | 10ME TABLEAU | | | LES ARTICULATIONS COMPOSÉES | |
| SYLLABES DIRECTES | | | | | | DEVANT LES SONS COMPOSÉS | |
eu	au	ai	in	an	on	ou	oi
bl eu	bl au	bl ai	bl in	bl an	bl on	bl ou	bl oi
cl eu	cl au	cl ai	cl in	cl an	cl on	cl ou	cl oi
fl eu	fl au	fl ai	fl in	fl an	fl on	fl ou	fl oi
gl eu	gl au	gl ai	gl in	gl an	gl on	gl ou	gl oi
pl eu	p au	pl ai	pl in	pl an	pl on	pl ou	pl oi
br eu	br au	br ai	br in	br an	br on	br ou	br oi
cr eu	cr au	cr ai	cr in	cr an	cr on	cr ou	cr oi
dr eu	dr au	dr ai	dr in	dr an	dr on	dr ou	dr oi
fr eu	fr au	fr ai	fr in	fr an	fr on	fr ou	fr oi
gr eu	gr au	gr ai	gr in	gr an	gr on	gr ou	gr oi
pr eu	pr au	pr ai	pr in	pr an	pr on	pr ou	pr oi
tr eu	tr au	tr ai	tr in	tr an	tr on	tr ou	tr oi
vr eu	vr au	vr ai	vr in	vr an	vr on	vr ou	vr oi

EXERCICES

MOTS. — Qua tre, quin ze, tren te, u ne frai se, la prai rie, la crai e, le cha grin, la hai e, la foui ne, l'huî tre, Ro croy, j'é- tran gle, l'i gno ran ce, le maî tre, ven dre di, sui vre, l'hy dre, la plui e, un e plaie, l'ou vra ge, l'é pin gle, sa cra va te bleu e, le meu ble, le fleu ron, Dieu, le lieu, le trou ble, le clou, le brou, paî tre, pa raî tre, trai re, le zou a ve, la ran çon, le glou ton, la blon de, la bru ne, le plan çon, le glai ve, le cri me, pleu ré, l'ou vreu se, la droi te, la gau che, un pieu, le mi lieu, le gan glion, en pré vi sion, la frui te rie, u ne proi e.

PHRASES. — Le pâ tre gron de son chien; la boî te creu se; u ne glan de goi treu se; le sin ge a ron gé l'a man de; le pi geon man ge la grai ne; un e hau te ca thé dra le a bri te no tre mai son; j'ai vu un dra gon; on en pren dra un au tre; on fau che ra le trè fle qui cou vre la pla te – ban de; je tran scri rai l'é van gi le; mon opi nion se ra tran chan te; le pi gnon de la gran ge; le cu ré prê che ra au prô ne de di man che; Thé rè se a u ne ro be blan che; la gre nou ille a sau té; ma cou si ne Eu phra si e a gla né du sei gle; la trin gle de cui vre jau ne a é té bri sée; la bran che sè che du frê ne; j'ai bu la dro gue de l'a po thi cai re; l'é cli pse de lu ne.

Librairie HACHETTE et Cie, boulevard Saint-Germain, 79, à Paris.

Typographie Lahure, rue de Fleurus, 9, à Paris.

11ᵐᵉ TABLEAU

7ᵐᵉ ÉTUDE — SYLLABES INVERSES

LES ARTICULATIONS DEVANT LES SYLLABES INVERSES

ab	ac	ad	ag	al	ap	ar	as	at	ath	eb	ec	ed	ef	eph
eg	el	ep	hep	er	air	her	es	et	eth	ex	ic	id	if	ig
il	ip	yp	ir	it	ith	is	ys	his	ix	ob	oc	od	og	aug
of	auf	ol	aul	op	oq	or	hor	aur	os	hos	aus	ot	ox	ub
uc	ud	uf	ul	ur	us	ut	uth	euf	eur	oif	oil	oir	ouf	our
ous	ief	ial	iel	uir	inc	onc	ouc	ans	ens	ins	ons	ias	ier	ieur

Le Maître, pour exercer ses élèves, écrira les syllabes précédentes au tableau noir, ou y fixera les caractères mobiles qui les représentent; il placera ensuite une articulation devant chacune d'elles et obtiendra ainsi les syllabes suivantes :

b ac	c ac	d ac	f ac	l ac	m ac	n ac	p ac	s ac	t ac	v ac	gn ac
b al	c al	d al	f al	l al	m al	n al	p al	s al	t al	v al	c hal
b ar	c ar	d ar	f ar	l ar	m ar	n ar	p ar	s ar	t ar	v ar	c har
b as	c as	d as	f as	l as	m as	n as	p as	s as	t as	v as	v ol
b ol	c ol	d ol	f ol	g ol	l ol	m ol	n ol	p ol	p aul	s ol	t ol
b or	c or	d or	f or	g or	l or	m or	n or	po r	s or	t or	v or
b os	c os	d os	f os	g os	l os	m os	n os	p os	s os	t os	v os
b ul	c ul	d ul	f ul	g ul	l ul	m ul	n ul	p ul	s ul	t ul	v ul
b ur	c ur	d ur	f ur	g ur	l ur	m ur	n ur	p ur	s ur	t ur	v ur
b us	c us	d us	f us	g us	l us	m us	n us	p us	s us	t us	v us
b if	c if	d if	f if	g if	l if	m if	n if	p if	s if	t if	v if
b il	c il	d il	f il	g il	l il	m il	n il	p il	s il	t il	v il
b is	c is	d is	f is	g is	l is	m is	n is	p is	s is	t is	v is
c ap	d ap	l ap	m ap	p ap	r ap	d oc	r oc	s oc	j ob	s ub	s uc
s ud	r up	c id	v id	t ic	s ub	v ic	ch ef	ch oc	gn ol	gu er	gu il
g ouf	qu el	qu il	qu ar	s oif	s auf	d onc	c inq	p oil	c uir	v iol	m iel

PROCÉDÉS D'ENSEIGNEMENT

L'étude des syllabes inverses est si facile que quelques auteurs l'ont supprimée; ils se contentent de présenter à l'enfant une syllabe directe ou même un simple son qu'ils font nommer, puis ils ajoutent une articulation que l'enfant prononce rapidement après avoir nommé la syllabe directe ou le son. Ainsi ils écrivent, **tou**, par exemple, ils placent à la suite le **r**, et obtiennent **tour**; en mettant un **f** après le son **eu**, on obtient **euf**. Si l'on ajoute à quelques essais de ce genre l'étude des syllabes inverses toutes formées, comme dans le présent Tableau, l'enfant n'hésite plus et il n'est pas tenté de confondre, par exemple, **la** avec **al**, **or** avec **ro**, etc., etc. — Dans l'étude des consonnes redoublées, on commence [par faire lire les mots en réunissant ensemble les deux consonnes que l'on joint au son suivant (**o ccupé**, **a bbé**), afin que l'enfant comprenne bien qu'une consonne redoublée n'a la valeur que d'une consonne simple. Plus tard, on l'habitue à décomposer les mots comme on le fait ordinairement, c'est-à-dire, en réunissant la première consonne à la syllabe qui précède, et la deuxième à la voyelle qui suit.

Librairie HACHETTE et Cⁱᵉ, boulevard Saint-Germain, 79, à Paris.

Typographie Lahure, rue de Fleurus, 9, à Paris.

8ᵐᵉ ÉTUDE
SYLLABES INVERSES

12ᵐᵉ **TABLEAU**

LES ARTICULATIONS
DEVANT LES SYLLABES INVERSES
Articulations redoublées

Articulations redoublées ayant la valeur d'une seule articulation.

bb	**cc**	**ff**	**gg**	**ll**	**mm**	**nn**	**pp**	**ss**	**rr**	**tt**
be	ke	fe	gue	le	me	ne	pe	se	re	te

Modification de l'*e* rendu sonore (sans accent) par l'articulation redoublée ou par une consonne sonnante qui suit.

eb	**ed**	**ec**	**ef**	**effe**	**eph**	**eg**
èbe	ède	èke	èfe	èfe	èfe	ègue

el	**elle**	**emme**	**enne**	**ep**	**er**	**erre**	**es**	**esse**
èle	èle	ème	ène	èpe	ère	ère	èce	èce

esce	**et**	**ette**	**eth**	**ex**
èce	ète	ète	ète	èkece ou ègueze

Exercices sur les syllabes inverses.

MOTS. — Ab solu, ad miré, une hal te, am nistie, l'har monie, l'as phal te, at lantique, le rec to, sauf, soif, suif, noir, voir, le huit, le cinq, le neuf, le sac, le pic, Calyp so, un dis que, mix ture, Oc tave, le duc, le tic, le suc, l'oc troi, le sud, le bos ton, op ticien, Félix, le cap, le soc, le roc, le lac, le bac, le gaz, un froc, un zig zag, un soup çon, Augus tin, Ajax, Cons tantin, un mons tre, la grandeur, le pour tour, heur té, l'ac quéreur, l'amour, la peur, le jour, le soir, un baigneur, un sphinx, le larynx, le chien épagneul, l'Es pagnol, le bouc, notre seigneur, le mal heur, le bonheur, le linceul, un psaume, la splendeur, un pros crit, le minis tre, un sou scrip teur.

PHRASES. — Luc a entendu le toc sin; il a ob tenu la pal me vic torieuse; Bar thélemy se signala par un ac te de courage; le total présente un déficit énor me; la cap tivité de Babylone dura pres que un siècle; David char ma son roi au son de la har pe; Daniel a été vac ciné; le coq a chanté; Calix te dira l'exac te vérité; Job a montré une vertu ad mirable; Frédéric a tué l'as pic; il fera ce cal cul; un désas tre m'a ruiné; j'ins crirai mon nom sur le regis tre.

Exercices sur les articulations redoublées et sur l'*e* rendu sonore par l'articulation qui suit:

MOTS. — A bbé, o ccupé, o ccasion, a ffiche, a ggloméré, a llumé, l'ho mme, une to nne, la cha sse, la lu tte, o pposé, la sa lle, a ssisté, la bro sse, une bra sse rie, Hi ppolyte un poi sson, la co mmode, chau ffé, l'éto ffe, la fla mme, a ggravé, une ba lle, la ca nne, ba rré, sep tembre, oc tobre, l'ho nneur, la hou sse, une ha llebarde, i mmortel, l'i nnocence, ba ttu, a ccommodé.

PHRASES. — La ta ille svel te de Bathil de; ma ma rraine ra cco mmode aujour d'hui son ves ton; Nicaise débour se toute sa mo nnaie; Dominique, au ssi vif qu'étour di, a ca ssé son canif; la longueur ou la lar geur d'un mouchoir; Bar nabé a fra ppé Fir min; Oscar a été à Jar nac; je su ppose qu'il va pleu voir; cue ille une fleur; j'ai la chair de poule; le moqueur sera si fflé; une plante tinc toriale; l'ar bre a été trans planté; Paul s'ins truira avec son maître.

MOTS. — Baguette, vexé, réflexion, grief, effacé, le varec, sec, grec, la lec ture, chef, bref, le greffe, silex, codex, index, trans mettre, une ques tion, grotes que, le fleg me, la mer, l'hiver, l'enfer, cher, récep tacle, ex emple, ex er cice, ex ilé, ex aminé, ex igé, une chienne, la mienne, la tienne, la sienne, l'ennemi, une pierre, la vai sselle, la vieillesse, l'échelle, la ficelle, le précep te, la cas quette, un ecclésias tique, un steppe, ferré, le sexe mas culin, le rep tile, le cep, le scep tre, j'ac cep te, une a ssiette, la chandelle, El beuf, l'Et na, la so nnette, un fil, avril.

PHRASES. — Quel qu'un a fer mé cette per sienne; quelle belle jeunesse! le bec de la poulette; j'a ssis terai à la procession ou à la messe; j'ai ex pliqué à Joseph, à Alfred, à Gabriel, à Ernest, à Élisabeth leur leçon de catéchis me; cette lettre a rrivera à son adresse; il bai sse; il n'a de re ssour ce qu'en son pa rrain; l'hirondelle gazou ille; la tour terelle d'Es ther roucoule; Modes te se piqua avec sa four chette; on écrasa le ver de terre; le verre de cris tal se brisa; Marguerite nettoie sa cuvette; elle a pres que dé lai ssé la musique; l'ar bre se dépou ille; l'hiver a pproche.

Librairie HACHETTE et Cⁱᵉ, boulevard Saint-Germain, n° **79**, à Paris.

Typographie Lahure, rue de Fleurus, 9, à Paris

9ᵐᴱ ÉTUDE — SYLLABES INVERSES

13ᴹᴱ TABLEAU

LES SONS ÉQUIVALENTS ET LES LETTRES NULLES surtout à la fin des mots

a — ah ha as at ats acs achs ap aps.

e = es eu heu eut oeu eux ent (v. au pluriel) oeufs oeud oeuds.

é = eh hé és ée ez er ers ed et ai. (à la fin des mots) (conj.) (p. défini)

è = hè ès ei ey.

ê = hê es est ets hai ay ai ait aits (tu es) (fin de mots) aix aie aies aient eaient ects.

i = hi hy id ids ie ies is it ient. (fin de mots) (v. au pluriel) its il ils ix (outil) (fils)

o = oh ho os ot ots aud auds aux (à la fin des mots) aut auts eau eaux.

u = hu ue ues us ut uts ux uent (à la fin des mots) (v. au pluriel) eus eut. (j'eus) (il eut)

un = uns unt um ums eun eunt.

an = ans am ams han ham ant ants en aon aen anc ancs and ands ang angs amp amps end ends eng engs ens ents emps.

in = im yn ym ain ains aim aims ein eins ins int inct incts ing ingt ingts é-en ‖ i-in = iens. (Vendé en)

on = om ons hon hons ont eons ond onds onc oncs ong ongs ont onts omb ombs ompt ompts.

ou = hou oud ouds ous out oux houx oue oues ouent oup oups.

oi = oa oas ois oit oie oies oient oigt oigts oid oids.

oin = oing oings oins oint oints.

cia, cié, cion = ation ition ution action ection iction uction ention emption entieux aptieux option artial artiel.

ti-on = astion estion ixtion.

aman = emment ‖ famé, femme.

ar = har are ares ard ards ars art arts arrhes arent (verbes au pluriel).

er = hère erc erg ères èrent err erre erres errent ers ert erts airs.

or = hor ore ores orent orr orre ord ords ors ort hors orps aure.

ur = hur ures urent urs ur (ils) eurent.

eur = eure eurent eurre eurs eurt heurt heures oeur oeurs.

oir = hoir oires oirent oirs oirt eoir.

our = ourr oures ourent ourd ourds ourt ours ourts ourg ourgs.

as = ass assent aces. ‖ ice = his issent.

es = ess esses essent aisse aissent hesse èces ècent esce est-ce.

os = oss osses ossent oce oces auce auces hausse ausses aussent.

us = uss huss usses ussent uce uces ucent eusse eussent. (que j'eusse) (qu'ils eussent)

of = ophes auffes aufs. ‖ il = iles ilent.

el = elles ellent hêle ailes èles èlent.

ol = oll olle oles olent aule aules aulent.

ul = uls ules ulent. ‖ al = halles alent.

ouce = ouces ousse housses oussent.

ète = êtes ètent ettes ettent aites eth.

ute = utes utent utt uttes uttent uth.

ec = ecs ech èques ‖ ac = acs aques.

oc = ocs oquent och ock auques.

uc = ucs uch uck uques uquent.

ème = emme èmes èment aimes aiment.

ène = enne ènent haine eines esne.

ome = aume aumes aument hommes.

ke = ques quent ‖ gue = gues guent.

ai = l'est m'est n'est s'est t'est.

cai = quais quaient qu'est quets.

caisse = qu'est-ce. ‖ guè = gaies guait guaient. ‖ gace = guasses.

casse = cassent quace quasses.

9ME ÉTUDE (SUITE)
SYLLABES INVERSES
Sons équivalents

14ME TABLEAU

LES SONS MOUILLÉS
ET LES LETTRES NULLES

Les sons mouillés.

eil = **eils eille eilles eillent.**		*ail* = **aill aille ailles aillent.**
euil = **euils euill euilles euillent œils**		*ille* = **ill illes illent.**
œill ueil ueils ueilles ueillent.		*ouil* = **ouill houille ouilles ouillent.**

Exercices sur les sons équivalents et les sons mouillés.

I. — Le prélat; trois rats; le bât de l'âne; le mauvais cas; le bras; le mât; tu as soif; les petits oiseaux se prennent au lac; je tendrai mes lacs; le lac de Genève; un hamac; je perds mes gants; une paire de draps; tu mangeas des fruits; le cap; ils s'aiment beaucoup; un gros tas de cailloux; tu as fait des heureux; des vœux; des bagues; une douzaine de bas neufs; c'est un faux bonhomme; le prix de ces deux beaux châteaux; leurs longs étangs; les grands ronds; nos petits lits; mes sœurs cousaient; ils vivent exempts de remords; allez et revenez avec de prompts secours; il est prétentieux et partial; une exemption; une exception; le bastion; la digestion; sciemment; une femme; la Grèce; la graisse; ils paraissent; est-ce vous? les esprits; le luth; les faubourgs; il a donné des arrhes; lorsqu'ils sèment leurs grains, il fait beau temps; alors elles devinrent gaies; des geais; le crin; je crains; un maçon de Mâcon; les concerts harmonieux.

II. — Leurs pieds remuent; ils cueillent des fleurs; eh! qu'y a-t-il? deux paniers de raisins; mes cahiers sont restés dans l'escalier; Oedipe; oesophage; un noeud; des vœux; la queue; la mie du pain; ils ont tué à coups de fusil plusieurs loups qui étranglaient les agneaux des fermiers voisins; ce perroquet est fort joli; c'est parfait; cette blouse est en coutil; vos enfants prient Dieu et ne se fient qu'en lui; trois corps morts; ils trouent, ils nouent, ils clouent; les pieds chauds; les outils de cet ouvrier sont en acier; le galop ou le trot d'un cheval qui court trop fort; il est à jeun; mon père défunt; le sud et le nord; ce marchand vend dans les champs; j'entends divers chants; les pluies d'hiver; quand les soldats abandonnèrent-ils le camp? les objets manquants manquent depuis longtemps; les bruits lointains des habitants du bourg; quoi qu'ils fassent, ils échouent toujours.

III. — Le sang de Jésus-Christ nous a rachetés de la mort éternelle; Christophe Colomb a découvert l'Amérique; ces chrétiens s'humilient; vos amis venaient vous voir avec leurs beaux habits noirs; la chair de porc est indigeste et coûte cher; les harengs; les premiers rangs; ils furent heureux pendant tout ce temps; deux cents francs quatre-vingts centimes; ses poings sont fermés; de mauvais instincts; Étienne croit-il que Bertrand vienne? cinq sous; le cinq janvier; six perdreaux; le six mars; sept noix; c'est juste; le sept juillet; huit coqs; le huit septembre; le parc; la parque; neuf glands; le neuf d'août; dix kilos; le dix avril; le thym et le serpolet conviennent au lapin; ces deux roues sont enfoncées dans les joncs; mes parents louent les écoliers qui étudient bien et ne jouent qu'en dehors des classes; les cinq doigts de la main; les froids; le flux de la mer.

IV. — Ces filles ne voient pas clair; un clerc de notaire; le poids de cette volaille; les saints du paradis; le péril; la quille; la vrille; l'anguille; la bataille; l'ail; le travail; le méteil; deux choses pareilles; le soleil brille; ses yeux sont ouverts; les étoiles scintillent dans les cieux; l'essieu se rompt; la caisse; qu'est-ce que la grammaire? la hache; le bahut; la cohue; trois bols de bouillon; ils fouillent dans le sac; le nez; les oreilles; ces poissons sont vifs; la Saint-Médard; le vert et le sec; tout n'est qu'heur et malheur; le printemps et l'automne; ils sortent sains et saufs; un quart d'heure; une scie; des almanachs; du jus de groseille; ils mangeaient des pois; il est ceint de son écharpe; un acte sous seing privé; il paraît moins grand aujourd'hui qu'hier; je tonds ces moutons; les cheveux blonds; l'estomac; le homard; un puits; le baptême; la toux; le rhume; la paix; le brouillard; un héraut d'armes; le héros de l'histoire; il meurt de faim; la fin de ce conte; il compte son argent.

V. — Dix prix; six nids; les flots; le broc; des nues; il feint; un loup; tu loues; un coup; je couds; un pain; il peint; je crois; ils croient; la croix; le fouet; le foie; le Rhin; les reins; les bons de viande; des bonds; des sauts; des sots; la scène; la Seine; la cène; sans voix; ils voient; le cœur; un moqueur; veuillez travailler; veillez sur cet enfant; lesquelles; auxquels; ceux-ci; ceci.

PROCÉDÉS D'ENSEIGNEMENT

L'étude des lettres nulles présente les plus grandes difficultés de la lecture. Le Maître fait connaître aux enfants que la lettre h est nulle, excepté dans ch et ph; que les lettres s, d, t, g, x. lorsqu'elles terminent les mots, ne se prononcent pas, en général, exemple: Ce grand bourg a deux mille cinq cent trois habitants; que les mots qui servent à indiquer qu'on *est* ou qu'on *fait* quelque chose se terminent quelquefois par ent, lettres qui, dans ce cas, se prononcent comme un e simple; les poules du couvent couvent; il fait distinguer avec soin les monosyllabes **les, des, ces, mes, tes, ses, tu es,** qui se prononcent, *lès, mès, tès, ès,* etc., des mots au pluriel comme **poules, races, dames, pertes, vases** où la finale es a le son de l'e simple. Après ces explications, le Maître lit, puis fait lire les mots qui contiennent des lettres nulles; il indique la prononciation et fait observer quelles sont les lettres qui ne se prononcent pas. Enfin, il compose ou fait composer par les élèves des mots et de petites phrases d'application.

Librairie HACHETTE et Cie, boulevard Saint-Germain, n° 79, à Paris.

Typographie Lahure, rue de Fleurus, 9, à Paris

10ME ÉTUDE — REMARQUES PARTICULIÈRES sur la prononciation

15ME TABLEAU

LES PRINCIPALES DIFFICULTÉS de la lecture

Remarques particulières sur la prononciation.

1° — Le son e, représenté par ent, se prononce e ou an. On prononce e lorsque le sens de la phrase permet de remplacer ent par aient. Ex.: ils président, ils présidaient; ils négligent, ils négligeaient. — Si ce changement ne peut se faire, on prononce an. Ex.: J'ai vu le président; il est négligent.

2° — e rend le g doux devant a, o, u : le pigeon, il mangea, la gageure.

3° — y, placé après une voyelle, dans le corps d'un mot se prononce comme deux i. Ex.: payer, royaume, paysan, se prononcent : pai ier, roi iaume, pai isan. Dans tout autre cas, l'y se prononce comme un seul i.

4° — Le son ient peut se prononcer de trois manières différentes; il a : 1° le son i dans les verbes (3e personne du pluriel), ex.: ils lient; 2° le son ien, ex.: il vient, il tient; 3° le son ian, ex.: inconvénient. L'usage est le seul guide dans les deux derniers cas.

5° — um se prononce comme ôme dans album, décorum, laudanum, maximum, minimum, opium, pensum, rhum, factum, médium, te deum, etc.

6° — in, suivi de n, se prononce i : innocence, in-nover.

7° — eu, eus, eut, se prononcent u dans : j'ai eu, j'eus, tu eus, il eut, nous eûmes, vous eûtes, ils eurent, j'eusse, tu eusses, nous eussions, vous eussiez, ils eussent.

8° — ai se prononce é à la fin des mots devant lesquels on peut mettre je : j'ai, je mangeai, je chanterai, etc.

9° — ï et ü, surmontés d'un tréma, se prononcent séparément de la voyelle qui précède : Moïse, faïence, naïf, Saül.

10° — guë se prononce gu, et non pas gus comme dans le mot bague : exiguë, ciguë.

11° — ch se prononce comme k dans choléra, chœur, écho, chorus, chaos, eucharistie, technique, varech, et dans la plupart des noms propres empruntés à l'histoire sainte, etc.

12° — ch, suivi d'une consonne, se prononce k : chrétien, chlore, etc. Excepté dans schlague (chelague).

13° — un se prononce on dans : punch (ponche); le Sund (sonde).

14° — am et em, à la fin des mots, sonnent dans tous les noms propres empruntés à l'histoire sainte : Sem, Cham, Abraham, Jérusalem, excepté dans le mot Adam.

15° — Les syllabes tial, tiel, tieux, se prononcent toujours sial, siel, sieux. Au milieu et à la fin des mots, tion se prononce presque toujours sion, et tie se prononce rarement sie. Ex.: impartial, essentiel, prétentieux, ineptie, se prononcent : imparsial, essenciel, prétencieux, inepcie. — t, précédé de s ou de x, est toujours dur : gestion, immixtion; précédé de c ou de p, il est toujours doux : action, exemption, captieux. Dans les verbes, la finale est quelquefois tions ou tiez, et se prononce dur. Ex.: en exécution de vos ordres, nous portions des portions de viande.

16° — ille se prononce comme dans le mot île au commencement des mots : illu mi ner. — Dans le corps des mots, la syllabe ille se prononce comme dans fille, excepté dans les mots ville, mille, tranquille, distille, et quelques autres peu usités, qui se prononcent : vile, mile, tranquile, distile, etc.

17° — x se prononce quelquefois comme s'il y avait deux s, ex.: soixante, Auxerre, Bruxelles (sois sante, Aus serre, Brus selle), et quelquefois comme z : sixième, dixième (di zième, si zième.)

18° — Quatre articulations se prononcent généralement à la fin des mots, savoir : r, l, c, f. Ex.: trésor, fatal, public, actif. Les autres articulations, et notamment s, t, d, g, n'ont ordinairement aucune valeur à la fin des mots.

19° — L'h est muet dans : l'habit, l'herbe, l'horloge, les hommes, etc.

20° — L'h est aspiré dans : le hamac, la herse, le hoyau, les haricots, etc.

21° Quand un mot se termine par une consonne, et que le mot qui suit commence par une voyelle ou un h muet, il faut lier la consonne à la voyelle qui commence le mot suivant. Ex.: pour aimer; on prononce : pou-raimer.

Lorsqu'un mot se termine par e, et que le suivant commence par une voyelle, l'e ne se prononce pas. Ex.: la campagne est belle; on prononce : la campa-gnest belle.

La liaison des mots change quelquefois la valeur des consonnes.

d se change en t. Ex.: grand enfant; on prononce : gran tenfant.
s, x se changent en z : leurs oiseaux; on prononce : leur zoiseaux. — deux ami; on prononce : des zami.
g se change en q : sang et eau; on prononce : san quéau.

Résumé des éléments de la lecture

1° Les vingt-cinq lettres dans l'ordre alphabétique

a b c d e f g h i j k l m n o p q r s t u v x y z

2° Les voyelles ou sons simples

a, e, eu, œu, é, er, ez, œ, è, ai, ei, ay, ey, et, est, i, o, au, u, ou, an, am, en, em, in, yn, im, ym, ain, aim, ein, on, om, un, um.

3° Les voyelles composées ou diphthongues

ia, ié, iè, io, iu, oi, ui, ué, uè, ian, ien, ieu, ion, iou, oin, uin, oué, ouè, oua, ouan, oui, ouin. ail, eil, euil, ouil.

4° Les consonnes ou articulations simples

b c ç d f g h (lettre nulle) j l m n p r s t v z, ch, gn, ph, ill, gu, qu.

5° Les consonnes redoublées

bb, cc, dd, ff, gg, ll, mm, nn, pp, rr, ss, tt.

6° Les consonnes composées (doubles ou triples)

bl, cl, fl, gl, pl, sl, vl, br, cr, fr, gr, pr, tr, vr, x, ct, ps, pt, sb, sbr, sc, scl, scr, sp, spl, spr, st, str.

7° l'h muet : l'homme, l'herbe, l'habit, les heures.
et **l'h aspiré :** les haricots, le hoyau, la herse.

8° Les lettres nulles (surtout à la fin des mots) d, g, p, t, s, x, ds, gs, ps, ts, ent.

9° Les signes d'orthographe : ´ (accent aigu) ` (accent grave) ^ (acc. circonflexe) ¨ (tréma) ' (apostrophe) - (trait d'union)

10° Les signes de ponctuation : , (virgule) ; (point virgule) : (deux points) . (point) ! (point d'exclamation) ? (point d'interrogation) — (tiret)

11° Les chiffres : 1 2 3 4 5 6 7 8 9 0

Exercices sur les exceptions aux règles de la prononciation et sur les principales difficultés de la lecture

I. — Nous nous asseyions là avant-hier; je vaincs mes passions; Jean; Jeanne; Christianisme;
a-cèye-ion — avan-tière — vin — jan — jane — cri-sti-a-ni-sme

schisme; spasme; kiosque; cet enfant; le bonheur; un œuf; des œufs; un bœuf; des bœufs; un
chi-sme — spa-sme — kio-ske — cète-enfan — boneure — eufe — eu — beufe — ben

chef; des chefs; un chef-d'œuvre; une clef; des clefs; Laon; Caen; la Saône; mameluk; fatigue;
chèfe — chèfe — chè-deuvre — clé — clé — lan — can — sône — ma-me-louke — fatighe

aiguille; aiguillon; exiguïté; inextinguible; inexpugnable; ciguë; contiguë; linguiste; lingual; la
gui-ye — gui-yon — gu-ité — inéke-stin-gu-i — inéke-spugue-nable — gu — gu — gu-i-ste — gu-al

Guadeloupe; Saül; ces gens me haïssent et me trahissent; Caïn; cahin; caha; l'ouïe; naïf; faïence;
goua — sa-ul — a-ice — tra-ice — ca-in — ca-in — ca-a — ou-i — na-if — fa-iance

païen; le maïs; la cohue; prohibé; le bahut; une sangsue; des mets; des rets; ils diraient;
pa-ien — ma-ice — co-u — pro-i-bé — ba-u — san-su — mè — rè — di-rè

j'eus; tu eus; il eut; nous eûmes; vous eûtes; ils eurent; nous eussions; vous eussiez; ils eussent;
ju — u — u — ume — ute — ure — ucion — uciè — uce

à jeun; gageure; prends l'argent qui t'est dû et va-t'en; qu'est-ce que l'arithmétique? Qui est-ce
jun — jure — pren — tè — kèce — arite-métic — èce

qui payera cet onguent; estoc; bloc; soc; choc; cognac; un arc; arc-en-ciel; turc; porc; tabac
paye-ra — cète — on-gan — è-sto-ke — bloke — soke — choke — cognake — arke — ar-kenciel — turke — por — taba

en poudre; porc-épic; franc étourdi; croc-en-jambes; échec et mat; du blanc au noir; estomac
por-képic — fran-kétourdi — cro-kan-jambe — échè-kéma — blan-kau-noir — è-stoma

affaibli; aspect importun; pays; payse; paysan; baïonnette; païen; abbaye; layette; métayer;
afaibli — aspè-kinportun — pè-i — pè-ize — pè-izan — ba-ionète — pa-iin — a-bè-i — lai-iette — métal-ié

Bayard; des questions; mes respects à madame; musc; fisc; caoutchouc; un cric; un broc; un
ba-iare — kèce-tion — mè-recepè-za-madame — muske — fiske — caoutchou — cri — bro

croc; instinct; soixante; Auxerre; Bruxelles; second; un cerf; des cerfs; serf; cerf-volant;
cro — in-stin — soissante — ausserre — brusselle — segon — cerfe — cère — serfe — cère-volan

le nerf; les nerfs; le nerf de bœuf; isthme; asthme; femme; prudemment; indemnité; solennel.
nerfe — nère — nère — beufe — i-sme — a-sme — fame — prudaman — indamenité — solanèle

Librairie HACHETTE et Cie, boulevard Saint-Germain, 79, à Paris.

Typographie Lahure, rue de Fleurus, 9, à Paris.

10ᵐᵉ ÉTUDE (SUITE)
REMARQUES PARTICULIÈRES
sur la prononciation

16ᵐᵉ TABLEAU

LES PRINCIPALES DIFFICULTÉS
DE LA LECTURE

Exercices sur les exceptions aux règles de la prononciation et sur les principales difficultés de la lecture (suite)

II. — Hennir (anir); nenni (nani); ennoblir (anoblir); hymne (i-mne); somnambule (some-nanbule); condamner (conda-né); damné (dané); automne (otone); intérim (intérime);

idem (idème); amen (amène); harem (arème); Jérusalem (lème); Sem (sème); Cham (came); gluten (tène); abdomen (abe-do-mène); hymen (i-mène); spécimen (mène); pollen (lène); cérumen (mène);

Siam (siame); Amsterdam (ame-sterdame); Adam (adan); rouennerie (rouanerie); nez (né); oreiller (orè-yé); cerisier (zié); à qui se fier (fié); il est fier (fiè-re) et

orgueilleux (or-gue-yeu); le Gers (gère); amer (amère); belvéder (dère); cancer (cère); cher (chère); cuiller (ku-yè-re); éther (étère); fer (fère); hier (i-ère); mer (mère); aimer (aimé); Esther (è-stère);

thaler (talère); magister (stère); pater (tère); Abner (abe-nère); Quimper (kin-père); Jupiter (tère); Lucifer (fère); Roger (gé); Alger (gé); monsieur (mocieu); messieurs (mécieu);

le sieur (cieu-re); les sieurs (cieu-re); aimer à rire (émère-à-rire); le premier homme (premié-rome); les premiers hommes (premié-zome); le tiers (tière); Thiers (tière); un

ours (ource); des ours (our); œillet (eu-yè); Ernest (èr-nè-ste); à l'est et à l'ouest (lè-ste ouè-ste); du lest (lè-ste); Brest (brè-ste); lorsque (lor-sque); alors (alor); le zist (zi-ste) et le

zest (zè-ste); Jésus-Christ (cri); le christ (cri-ste); une couleur mat (mate); abrupt (abrupe-te); brut (brute); chut (chute); déficit (cite); dot (dote); exéat (ègue-zéate); fat (fate); frêt (frête);

le huit (huite); introït (tro-ite); luth (lute); prétérit (rite); rit (rite); rapt (rap-te); sept (cète); satisfécit (cite); toast (to-ste); ut (ute); vivat (vate); spath (spate); bismuth (mute);

knout (ke-noute); accessit (ite); Judith (ite); zénith (ite); cobalt (co-balte); Élisabeth (bète); Nazareth (rète); les Goths (go); abject (abe-jèk-te); direct (dirèk-te); infect (infèk-te);

correct (corèk-te); strict (strik-te); tact (tak-te); exact (è-gza); district (dis-trike); respect (rè-spè); bestiaux (bè-stiau); modestie (dè-sti); amnistie (ame-ni-sti); soutien (ti-in); patient (ci-an);

quotient (co-ci-an); ingrédient (di-in); amitié (ami-ti-é); initié (ini-ci-é); initiative (iniciative); théocratie (téocraci); démocratie (craci); aristocratie (craci); étioler (éti-olé); balbu-

tier (cié); pétiole (pé-ci-o-le); ineptie (inèpe-ci); argutie (gu-ci); calvitie (vi-cie); Béotie (o-ci); impéritie (ri-ci); prophétie (fé-ci); antipathie (pa-tî); facétie (cé-ci); diplomatie (ma-ci);

péripétie (pé-ci); inertie (inère-ci); captieux (capecieu); factieux (fakecieu); prétentieux (tancieu); contentieux (tantieu); strontiane (ciane); gentiane (janciane); initial (cial); mar-

tial (cial); nuptial (nupe-cial); partial (cial); partiel (ciel); substantiel (sube-stan-ciel); insatiable (saciâ); sédition (dicion); digestion (gèce-ti-on); bastion (sti-on); hostie (oce-ti); ortie (or-tie);

vous imitiez (ti-é); vous initiez (ci-é); transsubstantiation (tran-sube-stan-ciation); la science (ci-ance); coefficient (co-é-fi-ci-an); maintien (min-ti-in); saint Gratien (gra-ci-in).

III. — As (ace); vasistas (ace); pancréas (ace); atlas (ate-lace); strass (ace); hélas (ace); mars (mar-ce); relaps (rela-pse); laps (la-pse); las (la); cassis (ca-cice); ibis (bice); iris (rice);

métis (ice); gratis (ice); Thémis (ice); Adonis (ice); myosotis (ice); bis (bice); pain bis (bi); jadis (dice); oasis (zice); un lys (lice); je lis (li); pubis (ice); beau-fils (fice);

une vis (ice); je vis (vi); volubilis (ice); aloès (èce); florès (èce); ad patres (èce); Kermès (èce); hermès (èce); albinos (oce); mérinos (oce); os (oce);

pathos (oce); rhinocéros (oce); tétanos (oce); don Carlos (oce); Agnus (ague-nuce); angelus (gé-luce); anus (uce); blocus (uce); chorus (co-ruce); sinus (uce); fœtus (fé-tuce);

fucus (uce); hiatus (iatuce); humus (uce); motus (uce); obus (uze); omnibus (uce); oremus (uce); prospectus (pro-spèk-tuce); papyrus (uce); quibus (kui-buce); quitus (tui-tuce); en sus (uce);

radius (uce); rébus (uce); typhus (fuce); us et coutumes (uce); Sirius (uce); virus (uce); Comus (uce); Nostradamus (uce); Romulus (uce); Vénus (uce);

Uranus (uce); cens (sance), sens (sance); sens commun (san-commun); sceptre (cèp-tre); un cep (cèpe); flegme (flègue-me); gnomonique (gue-no-monike); amygdales (amigue-dal); joug (jou-gue); pouding (pou-din-gue);

bourgmestre (bour-gue-mè-stre); drachme (drague-me); exempt (ègue-zan); doigt (doi); vingt (vin); legs (lai); gangrène (cangrène); grog (grogue); étang (étan); hareng (aran); coing (coin); seing (sin);

orang-outang (oran-outan); le sang innocent (san-ki-no-cen); un long hiver (lon-ki-vère); suer sang et eau (san-ké-au); digne (gne); agneau (gno); incognito (gui);

gnome (gue-nome); diagnostique (diague-noce); géognosie (géogue-nozie); igné (igue-né); ignition (igue-ni-cion); inexpugnable (inèke-spugue-nable); magnificat (mague-ni-fi-cate); stagnant (stague-nan).

Librairie HACHETTE et Cⁱᵉ, boulevard Saint-Germain, n° 79, à Paris.

Typographie Lahure, rue de Fleurus, 9, à Paris

10ᵐᵉ ÉTUDE (SUITE)
REMARQUES PARTICULIÈRES
sur la prononciation

17ᵐᵉ TABLEAU

LES PRINCIPALES DIFFICULTÉS
DE LA LECTURE

Exercices sur les exceptions aux règles de la prononciation et sur les principales difficultés de la lecture (suite).

IV. — Je pile du verre; il pille la maison; colloque; constellation; belliqueux; allocution;
pi-ye — co-lo-que — con-stèl-lacion — bèl-li-keu — al-locucion

palladium; pusillanime; scintillation; vacillation; baril; chenil; fusil; outil; persil; coutil; sourcil;
pal-ladiome — pu-zil-lanime — cintil-lacion — vacil-lacion — bari — l — l — l — l — l — l

grésil; nombril; gentil; un gentilhomme; des gentilshommes; un fil; des fils de lin; mon fils et
l — l — l — jenti-iome — janti-zome — file — fils — fice

ma fille; soûl; pouls; codicille; tranquille; ville; villageois; mille; millésime; bercail; travail;
i-ye — sou — pou — ci-le — ki-le — vi-le — vi-la-joa — mi-le — mil-lé-zime — ber-ca-ye — trava-ye

soleil; réveil; accueil; cercueil; fauteuil; distiller; osciller; vaciller; capillaire; maxillaire;
solè-ye — ré-vèye — a-keuye — cère-keuye — fo-teuye — di-sti-lé — o-ci-lé — va-cil-lé — pil-lère — ma-ksil-lère

Achille; Lille; sibylle; idylle; Sully; anneau; innombrable; innover; innocent; annexe; le Tarn;
chi-le — li-le — ci-bile — i-dile — sul-li — a-no — i-non — i-no — i-no — a-nè-kse — tarne

le Béarn; août; faire; nous faisons; bienfaisant; ressuscite; ouate; arguer; je payerais; je
béarne — ou — fère — fe-zon — fe-zan — rè-su-cite — ouète — argu-é — pèye-rè

paye; payement; je bégaie; oignon; encoignure; enivrer; ennuie; enorgueillir; enhardir; agenda;
pè-ye — pèye-man — bè-guè — o-gnon — en-cognure — an-nivrer — an-nui — an-nor-gue-yr — an-ar-dir — gin

appendice; benjoin; compendium; mentor; pensum; spencer; Bengale; Rubens; Bender; Venceslas;
ap-pin — bin — conpindiome — min — pinsome — spincère — bin — bin-ce — bindère — vincè-slace

examen; aérien; lien; vendéen; européen; biennal; triennal; décennal; décemvir; indemne;
ègue-zamin — a-é-ri-in — li-in — dé-in — pé-in — biène-nal — triène-nal — décène-nal — décème-vire — in-dème

Emmanuel; Memnom; immanquable; innovation; inné; somnolence; somnambule; automne;
é-ma-nuèle — même-nom — in-mankable — in-novacion — inn-né — some-nolance — some-nan-bule — au-to-ne

de profundis; punch; le Sund; rumb; lumbago; opium; rhum; album; décorum; géranium; factum;
dé-pro-fondice — ponche — sonde — rombe — lon — ome — ome — ome — ome — ome — fak-tome

maximum; minimum; muséum; pensum; post-scriptum; ultimatum; triumvir.
ma-ksi-mome — ome — ome — pin-some — po-ste-scripe-tome — ome — tri-ome-vire

V. — Aix; sphinx; lynx; pharynx; index; codex; silex; thorax; Ajax; polytechnique;
è-kse — sfin-kse — lin-kse — farin-kse — è-kse — é-kse — è-kse — a-kse — a-kse — tèke-nike

Saint-Roch; rédemption; indomptable; promptitude; baptême; compte; comptant; sculpteur;
ro-ke — rédampe-cion — in-dontable — pronpe-titude — ba-tème — conte — con-tan — scule-teur

cheptel; septante; septembre; septentrion; contempteur; impromptu; symptôme; présomptueux;
ché-tèl — sèpe-tante — sèpe-tanbre — sèpe-tan-trion — con-tanpe-teur — in-pronpe-tu — sinp-etome — présonpe-tu-cu

jalap; julep; Gap; biceps; forceps; reps; apt; un coup imprévu; un loup enragé; il est
jalape — julèpe — gape — bicèpse — forcèpse — rè-pse — a-pte — cou-imprévu — lou-enragé — ai

trop entêté; il a beaucoup étudié; coq; coq d'Inde; quiproquo; liquoreux; quadrille;
tro-penteté — baucou-pétudié — coke — co-dinde — ki-pro-ko — likoreu — ka-dri-ye

querelle; acquérir; quiconque; aquarelle; aquatique; équateur; équation; in-quarto;
ke-rèle — a-ké-rire — ki-kon-ke — coua-rèle — coua-tike — coua — écoua-cion — couarto

loquace; quadrangulaire; quadragésime; quadrilatère; quatrain; quadrupède; quadruple; quaker;
couace — coua — coua — coua — ka-trin — koua — koua — couakre

quartz; quaternaire; quatuor; square; quinquagésime; équestre; équidistant; équitation;
couarce — coua-tère-nère — couatuor — scouère — cuin-coua-gésime — éku-è-stre — écuidi-stan — écuitacion

liquéfaction; liquéfié; questeur; à quia; quinquennal; quintuple; requiem; quiétude; inquiétude.
likué-fake-cion — li-ké-fié — cu-èce-teur — cu-i-a — cu-in-kène-nal — cu-in — récui-ème — kié — kié

VI. — Le corps de Jésus-Christ est dans l'Eucharistie; Arachné; chrême; chlore; chronique;
cor — cri — ca-ri-sti — ara-kné — crème — clore — cronique

chrétien; kirsch; schlague; choriste; chorus; anachorète; chorégraphie; maillechort;
créti-in — kirche — chelague — cori-ste — coruce — co — co — ma-ye-chor

Bacchus; bacchanal; bachique; chiromancie; chirurgien; psychologie; Psyché; Achaïe; Achab;
ba-cuce — ba-ca — bachike — ki — chi-rurgi-in — psi-co — psi-ché — a-ca-i — a-cabe

Achéloüs; Chaldée; Cham; Chanaan; Chersonèse; Jéchonias; Machabée; Melchisédech; Nabucho-
aké-lo-uce — cal-dé — came — ca — kèr-sonôze — coniace — macabé — mèl-ki-cédèke — co

donosor; Anacharsis; Bucharest; Carybde; Ézéchias; Zacharie; Ézéchiel; Zaché; chaos; caté-
car-cice — carè-ste — caribe-de — kiaca — ca — kiel — ché — cao

chumène; chœur; cœur; choléra; chrysanthème; chronologie; anachorète; chrysalide; exarchat;
cu — keur — keur — co — crizan-tème — cro — co — criza — ègue-zar-ca

chimère; Michel-Ange; lichen; orchis; orchestre; archange; archéologie; archiépiscopal; archonte;
chi — mikel-ange — li-kène — or-ki-ce — kè-stre — can — kéo — kié — con

chérubin; rachitique; stomachique; œsophage; Œdipe; œnophile; les nœuds; cæcum; mœurs.
bé — chi — chi — é-zo-fage — é-dipe — é-no-file — neu — cè-come — meur-ce

Librairie HACHETTE et Cⁱᵉ, boulevard Saint-Germain, **79**, à Paris.

Typographie Lahure, rue de Fleurus, 9, à Paris.

10ME ÉTUDE (SUITE)
REMARQUES PARTICULIÈRES
sur la prononciation

18ME TABLEAU

LES PRINCIPALES DIFFICULTÉS
DE LA LECTURE

Exercices sur les exceptions aux règles de la prononciation et sur les principales difficultés de la lecture (suite)

Museau; saison; parasol; tournesol; entre-sol; balsamine; soubresaut; transaction; transit;
(zo) (zon) (sole) (sole) (sole) (za) (so) (zake-cion) (zi)

transiger; vraisemblable; désuétude; hydrosulfure; monosyllabe; préséance; alsacien; transitif;
(zi) (san) (dé-su-é) (sul) (cil-labe) (céance) (za) (zi)

transition; nez; riz; gaz; Suez; schisme; scélérat; schako; shelling; chérif; tous pensent
(zicion) (né) (ri) (ga-ze) (suè-se) (chi-sme) (céléra) (chako) (che-lin) (chérif) (touce) (pan-ce)

ainsi; Newton; Breslau; Metz; New-York; Glascow; exhumer; hexagone; axe; sexe; fixe; boxe;
(in-ci) (neu-ton) (brèlau) (messe) (neu-iorke) (glace-cou) (ègue-zu-mé) (ègue-za) (a-kse) (sè-kse) (fi-kse) (bo-kse)

luxe; maxime; onyx; crucifix; perdrix; Cadix; la toux; un prix; six enfants; une paix heureuse.
(lu-kse) (ma-ksime) (oni-kse) (fi) (dri) (cadi-kse) (tou) (pri) (si-zen-fan) (pè-zeu-reuze)

VII. — Ces gens exigent que nous nous asseyions; nous craignions qu'ils ne faillissent; ces liens
(jan) (ègue-zi-ge) (a-cèye-ion) (crègne-ion) (fa-ye-ice) (li-in)

lient mal; sa diction est pure; nous dictions ses entretiens; nous exécutions ce travail en exécu-
(li) (dike-sion) (dike-tion) (ti-in) (ègue-zé-cu-ti-on) (cu-

tion de vos ordres; nous portions des portions de viande; nous votions pendant vos dévotions;
cion) (ti-on) (ci-on) (ti-on) (ci-on)

des sécrétions; nous sécrétions; nous les exemptions au moyen de ces exemptions; nous exceptions
(ci-on) (ti-on) (ègue-zan-ti-on) (ègue-zampe-ci-on) (èke-cép-ti-on)

ces exceptions; nos intentions sont que nous intentions un procès; nous notions avec soin ces
(èke-cép-sion) (ci-on) (ti-on) (ti-on)

notions; nous débutions dans les contributions; nous l'ôtions de là pour qu'il pût recevoir des
(ci-on) (ti-on) (ci-on) (ti-on)

lotions; nous tripotions dans les potions de ce malade; nos attentions ont été remarquées; nous
(ci-on) (ti-on) (ci-on) (ci-on)

attentions à votre droit; elle s'est divertie de votre inertie; monsieur le président, sont-ce ces
(ti-on) (ti) (ci) (mo-cieu) (dan) (son-ce) (cè)

messieurs qui président? êtes-vous content de ce que ces personnes vous content? Cet homme
(mè-cieu) (de) (tan) (te)

violent et ses amis violent les lois; les poules du couvent couvent souvent; ces cuisiniers excel-
(lan) (le) (van) (ve) (van) (èke-cè-

lent à faire ce mets excellent; ces dames se parent pour aller visiter leur parent; ils ne savent
(le) (mè) (èke-cè-lan) (re) (ran) (ve)

pas quel est l'âge de ce savant; mes fils coupez ces fils de fer; le vent est à l'est; jetez du lest;
(van) (fice) (file) (van) (è) (lè-ste) (lè-ste)

il convient qu'ils convient leurs amis à la fête; il devient certain qu'ils dévient de la bonne voie;
(vi-in) (vi) (vi-in) (vi)

ce poids n'est pas équivalent à celui que j'ai donné; voilà deux quantités qui équivalent à cette
(lan) (le)

troisième.

ALPHABET EN ÉCRITURE ANGLAISE

A B C D E F G H I J K L M N O P
Q R S T U V X Y Z W

a b c d e f g h i j k l m n o p q r s t u v x y z

ALPHABET EN ÉCRITURE RONDE

A B C D E F G H I J K L M N O P Q
R S T U V X Y Z W

a b c d e f g h i j k l m n o p q r s t u v x y z

Librairie HACHETTE et Cie, boulevard Saint-Germain, 79, à Paris.

Typographie Lahure, rue de Fleurus, 9, à Paris

TABLEAU COMPLÉMENTAIRE

ÉTUDE DES SONS ET DES ARTICULATIONS AU MOYEN DES IMAGES

1° LES LETTRES DE L'ALPHABET (le nom et les articulations représentés par une seule lettre);
2° LES SONS ET LES ARTICULATIONS REPRÉSENTÉS PAR PLUSIEURS LETTRES;
3° LES SONS MOUILLÉS; 4° LES SONS ÉQUIVALENTS ET LES LETTRES NULLES.

Papa...a A | Une robe...b B | Le sac...c C | Le bec...c C | Une limace...c C | Le malade...d D | L'élève...e é è E | Une girafe...f F | Une bague...g G | Une cage...g G

 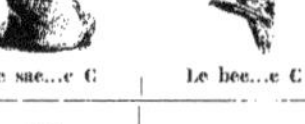 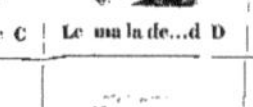   

Une hache...h H | Le képi...i I | Le jeu...j J | Le coke...k K | Le poêle...l L | La pomme...m M | L'âne...n N | Le domino...o O | Une pipe...p P | Le coq...q Q

  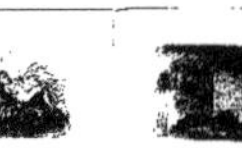   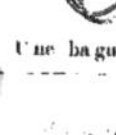 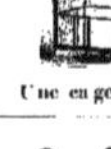

L'évêque...qu QU | Le verre...r R | Une tasse...s S | Une botte...t T | Jésus...u U | Une cave...v V | Une rixe...x X | La lyre...y Y | Numéro douze...z Z | Une vache...ch

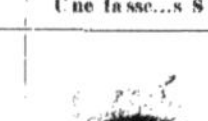 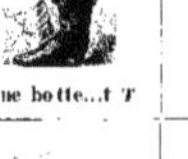    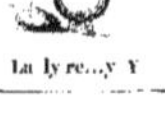 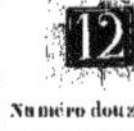 

Une épitaphe...ph | La vigne...gn | Une chenille...ill | Le feu...eu (e) | Le tuyau...au (o) | Le balai...ai (è) | La baleine...ei (è) | Le mouton...ou, on | Le pain...in, ain | Maman...an

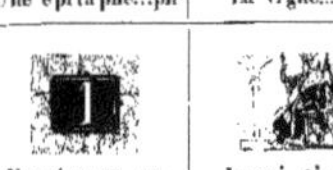         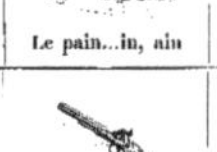 

Numéro un...un | Le roi...oi (oa) | Un chien...ien (i in) | Un bras...as n | Un soldat...at (a) | Le cocher...er (é) | Le nez...ez (é) | Le pied...ied (ié) | Le pistolet...et (è) | Le nid...id (i)

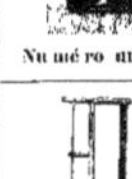   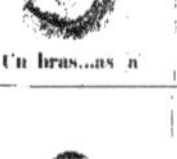  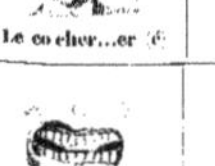  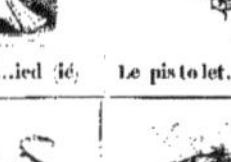 

Une scie...ie (i) | Le sabot...ot o | Des oiseaux...eaux au | Un enfant...un, en, ant | Un banc...anc (an) | Les dents...ents (en) | Un bois...ois oi | Les doigts...oigts oi | Le loup...oup (ou) | Les roues...oues (ou)

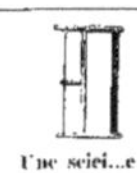 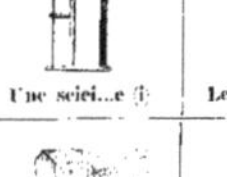    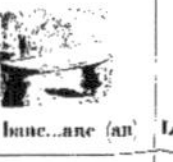 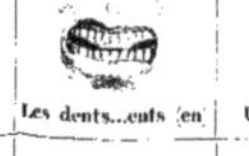   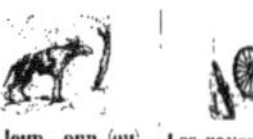  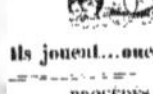    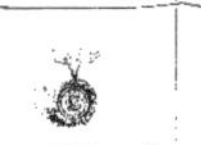 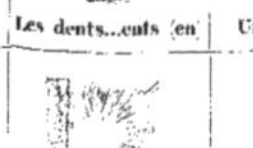   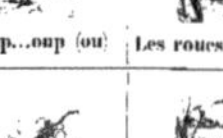 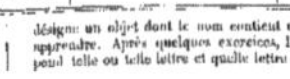

Ils jouent...ouent (ou) | Les canards...nards ar | Le chien mord...ord or | Le portail...ail | Une médaille...aille | Le soleil...eil | Une oreille...eille | L'écureuil...euil | Une feuille...euille | La grenouille...ouille

PROCÉDÉS D'ENSEIGNEMENT. — En général, la *dernière syllabe* du mot employé pour désigner l'objet représenté par chaque image, rappelle le nom de l'articulation ou du son que l'élève doit retenir. On donnera d'abord, en forme de *leçon de choses*, quelques explications sur les objets dont il s'agit, puis on fera lire les mots correspondants, mots qui ne présentent à l'élève que les combinaisons syllabiques les plus simples, celles dont il fait l'application dès les premières leçons de lecture. — On montrera aux enfants comment chaque image désigne un objet dont le nom contient une syllabe qui est précisément le son ou l'articulation à apprendre. Après quelques exercices, l'élève saura imperturbablement à quelle figure correspond telle ou telle lettre et quelle lettre on obtient par telle ou telle image.

Librairie HACHETTE et Cⁱᵉ, boulevard Saint-Germain, 79, à Paris.

Typographie Lahure, rue de Fleurus, 9, à Paris.